संवाद जरूरी है

सच्चे अनुभवों पर आधारित
प्रेरणादायक – 12 सूत्र

कुमार भारद्वाज

समर्पित

मेरे पाठकों को, जिनसे मेरा वजूद है

और प्यारे भोलेनाथ को

जिनसे तन में प्राण मौजूद है

विषय सूची

प्रस्तावना

यूँ तो जीवन का हर दिन एक नयी सुबहा लेकर आता है, वो सुबहा जिसका प्रकाश हमारे जीवन को उजाले से भर देता है, परन्तु आज की सुबहा मेरे लिए कुछ खास थी, क्योंकि आज मैं अपनी प्रसन्नता और उमंग के चरम पर था

एक ऐसी प्रसन्नता जिसके **मूल** को आप इस वक्त अपने हाथों में थामे हुए बैठे है, जी हाँ बिलकुल ठीक पहचाना आपने

मैं इसी पुस्तक की **बात** कर रहा हूँ जिसका लेखन कार्य आज से आरम्भ हुआ था

यह पुस्तक मेरे पाठकों, चाहने वालों और मित्रों के विशेष अनुरोध पर लिखी गयी है

मेरी माने तो - ज्ञान, मार्गदर्शन और मोटिवेशन के बिना इस संसार में रह पाना असंभव है, मेरी नजर में जीवन से प्राप्त अनुभवों और शिक्षाओं को समाज तक पहुँचाने का, पुस्तकों से बेहतर कोई और विकल्प हो ही नहीं सकता

इस पुस्तक का एकमात्र लक्ष्य दुविधा, पशोपेश और अंधकार में फंसे हुए लोगों की सहायता करना है, मैं "कुमार भारद्वाज" उर्फ ऑथर चाय वाला, आप से ये वादा करता हूँ की ज्ञान के इस सफर में, मैं आरम्भ से अंत तक आपके साथ रहूँगा, तथा अपनी बातों और लेखन के माध्यम से आपके विचारों को आंदोलित करने का प्रयत्न करूंगा।

मैं पूर्ण निष्ठा और विश्वाश से कहता हूँ की, आपके सद्कर्म और सुसंगति ही आपके जीवन का मार्ग प्रशस्त करते है। ज्ञान, सुविचार और प्रेम के आभाव में, एक सुखी जीवन की परिकल्पना भी नहीं की जा सकती

हमेशा याद रखें की खुद को जगाए बिना, कभी सवेरा नहीं होता

सटीक जानकारीयां एवंम सूचनाएँ, आपको इतना मजबूत बना सकती है, की छोटी-मोटी बातों और घटनाओं का आप पर कोई विपरीत प्रभाव नहीं पडता, जिसके फलस्वरूप जहां आपके विरोधी बगले झाँकते दिखाई पड़ते है, वहीं आप अपने ज्ञान के बल पर खुद को साबित करते हुए निरंतर आगे बढ़ते रहते है, और आपका यही गुण एक दिन आपको, एक सशक्त लीडर के रूप में स्थापित करता है

एक ऐसा लीडर जिसके विचार ही उसके गुण होते हैं, और यही गुण लोगों को आपका दीवाना और प्रशंसक बना देते है, विश्वाश करिए आप जीवन में सबकुछ कर सकते है, और जो चाहे उसे पा भी सकते है

वादा करिए - की आप इस पुस्तक को अंत तक पढ़ते हुए, अपने विचारों को मेरी वेबसाइट अथवा आपके सोशल मीडिया हैंडल पर साँझा करेंगे

क्योंकि? सकारात्मक संवाद हमेशा दो तरफ़ा होता है, जिसके लिए आपका सहयोग वांछित है तो चलिए फिर यात्रा आरम्भ करते है

स्वीकृति

बिना इष्ट कृपा के ये सफ़र आसान ना था, रखेंगे वो हरपल लाज मेरी, मुझे ज्ञान ना था

शुक्रिया उन पथिकों, राहगीरों, आगंतुकों तथा चाय प्रेमियों का, जिनकी चरण धूलि से स्थान **"ऑथर चाय वाला"** पवित्र हुआ और आपके साथ की गयी चर्चाओं, मंत्रनाओ और संवादों से मैं प्रफुल्लित हुआ

धन्यवाद् उन सभी सहकर्मियों, मित्रों और संस्थाओं का, जिनके सानिध्य और प्रेम से मेरा जीवन परिष्कृत हुआ

यकीन मानिये, मैं तो विध्यार्थी हूँ इस जीवन का, और बस एक ही राग अलापता हूँ की, जबतक आप सीखते और सवांद करते है - तबतक आपका बौद्धिक विकास होता रहता है

अंतत विशेष आभार मेरी धर्मपत्नी एवं परिजनों का, जिन्होंने पुस्तक रचना में दिल से सहयोग करते हुए मेरा मनोबल बढाया और यथासंभव पुरषार्थ किया

एक विनती

अगर आप सोचते है, की मैं मनघडंत कहता एवं लिखता हूँ यां फिर आपको लगता है, की संवाद करने और किताबें पढ़ने से कुछ नहीं होता, यां फिर आपको महसूस होता है, की ऑथर चाय वाला तो बस अपनी ही हांकता है, यां फिर भ्रम के चलते अमूमन आप जीवन के कटु सत्यों को स्वीकार नहीं पाते

यां फिर सवांद के वक्त आपको बार-बार विषय और बातें बदलने की आदत है, यां आपको लगता है, की एक पढ़ा लिखा और क्वालिफाइड व्यक्ति, एक चाय वाला क्यों बना?

अथवा एक पब्लिश ऑथर को चाय बेचने की क्या आन पड़ी?

तो ऐसी स्तिथि में, मैं आपसे विनती करूँगा की कृपया आप एकबार इस पुस्तक, तथा मेरी अन्य पुस्तकों को अवश्य पढ़ें आपको ज्ञान-लाभ होने की गारन्टी मैं लेता हूँ

पाठकों के लिए

मैं मीठी बातें बोल पीठ में छुरा घोंपने से – एक कडवे संवाद को कहीं बेहतर मानता हूँ

क्योंकि, बातें कुछ पुरानी है, जो मुझे आपसंग बतियानी है

यकीन मानिए जैसा हम सोचते है, वैसा ही हम बनते है, हमारे विचारों से हमारे एक्शन अर्थात क्रिया अथवा कार्यों का निर्माण होता है और इन्ही क्रियाओं से हमारी आदतें बनती है

और यही आदतें एकदिन हमारे चरित्र का निर्माण करती है

और अंतत यही चरित्र एक दिन हमारे भाग्य को गढ़ता है, अर्थात इसी से हमारे भाग्य का निर्माण होता है

आप माने यां ना माने, सच तो ये है की – हमारे जीवन का मानचित्र हमारी सोच रूपी कलम के द्वारा ही गढ़ा जाता है, आप चाहें तो इसे जीवन का पहला कदम भी कह सकते है

और यही पहला कदम, अंतत हम सबके भाग्य रूपी आखिरी पड़ाव पर आकर रुकता है

यहाँ मैंने भाग्य को आखिरी पड़ाव इसलिए कहा क्योंकि

चाहे आप कितने भी इंटेलक्चुअल क्यों ना हो जाएं, आपके पास कितना भी धन और वैभव क्यों ना हो, आप चाहकर भी इस भाग्य को कम नहीं आँक सकते

यही वजह है, की ना चाहते हुए भी अधिकांश लोग अपने भाग्य को लेकर दुविधा में रहते है

जीवन के कुछ ऐसे सत्य है, जिन्हें आप चाहकर भी, नकार नहीं सकते जैसे की...............

जनरेशन गैप, एक सच्चाई, भ्रम यां विवाद

अरे छोड़ों ना पापा, ये पुरानी बातें, आपके ज़माने में होता होगा ये सब, आजकल इन बातों को कोई नहीं पूछता

ये इक्कीसवी सदी है, थोडा मॉडर्न बनिए, कहां हमें बाबा-आदम के ज़माने में लेकर जा रहें है, मैं उस पिछड़े जमाने की सोच और उसकी बातों को सीरे से नकारता हूं

वो दूर बैठा अपने बेटे की बातों को सुनता रहा और सोचता रहा, क्या वाकई ही उसकी सोच पिछड़ी हुई है? क्या उसके विचार बाबा-आदम के ज़माने के है? यां फिर अब ये दुनिया बदलने लगी है

वो व्यथित नहीं अपितु चिंतित था, बस ये जानने को - की आखिर ये हो क्या रहा है? आज पहली बार वो अपने बेटे की बातों और व्यवहार को समझने में अक्षम था

उसने तो अपने बेटे को सिर्फ इतना ही कहा था की, वो अपने मित्रों का चयन सोच समझकर करें, तथा लेट नाईट पार्टीज में जानें से बचे

जिसपर उसके बेटे का तर्क था, पापा आप कुछ भी नहीं जानते, सोशल स्टेटस और तरक्की के लिए रसूखदार लड़कों के साथ रहना पडता है, चूँकि आप तो मुझे क्लब जाने के पैसे देंगे नहीं

तो मुझे, खुद ही कुछ सोचना पड़ा, क्या फर्क पडता है इस बात से की मैंने उनके पैसों से थोड़ी मौजमस्ती कर ली

और वैसे भी इसमें हर्ज ही क्या है, और जब उन्हें बुरा नहीं लगता तो फिर आपके पेट में क्यूँ दर्द होता है

पापा आप समझ नहीं रहे, मेरी और आपकी सोच में मीलों का फांसला है, जिसे कभी भी भरा नहीं जा सकता, इसलिए मैं आपसे कोई बहस नहीं करना चाहता

बेहतर होगा की आप अपने हमउम्रों में व्यस्त रहें, और हाँ कृपया करके, अपनी ये पुरानी और आउट डेटेड सलाह मुझे ना दें

संभव हो तो पाठकगण अपनी राय, मुझतक अवश्य पहुंचाएं और बताएं, क्या यही जनरेशन गैप है?

यां फिर ये सच्चाई अथवा कोई भ्रम है, अथवा ये एक रोग है जो तेजी से फैलने लगा है

विचारों में मतभेद होना एक आम बात है, सदियों से लोग चर्चा द्वारा इसे सुलझाते आ रहे है परन्तु लगता है, आज इसका स्वरुप बदलने लगा है

कम से कम इस पिता-पुत्र का सवांद तो यही दर्शाता है, की कैसे आज का युवावर्ग, मनमानी पर उतारू है, और मदहोशी के चलते चर्चा करना तो दूर, वो आपको सुनना तक नहीं चाहता

इसके इलावा आज उनमे कुछ अन्य दोष भी उभरने लगे है

जैसे की ना तो अपने से बड़ों को सुनना, ना ही उनके विचारों और तथ्यों को समझना और ना ही विषय की गहराई को जानना

बस एक ही बात दोहराते रहना, की आपका ज़माना अलग था, हमारा ज़माना अलग है, आपकी सोच संकीर्ण तो हमारी बातें स्वछंद है

आप लकीर के फ़क़्कीर, तो हम आधुनिक युवा है, एक ऐसे युवा, जो बिना किसी सलाह-मशवरे के भी काम करने में सक्षम है

अब चौकाने वाली बात ये है, की आज इन युवाओं के तर्क, विचार और मॉडर्न बातें हम सबपर भारी पड़ने लगी है, यहाँ सवाल किसी की हार अथवा जीत का नहीं है

सवाल है युवाओं के सुखद भविष्य का, सवाल है इनके सही मार्गदर्शन का, सवाल है देश और विदेशों में बिगडती हमारी छवि का, सवाल है उस बिगड़ते और दूषित होते परिवेश का जिसमे हम रहते है

मैं खुलकर कहता हूँ, भले ही पश्चिमी देशों ने खूब धन बंटोरा है, बावजूद इसके वह आज भी हमारी संस्कृति, सभ्याचार, नैतिक मूल्यों

और संस्कारों के कायल है, ये वही बातें है जिन्हें हमने नकारना तो उन्होंने स्वीकारना आरम्भ कर दिया है

ये वो विरासत है जिसे हमने, अपने घर के बड़ों, गुरुजनों और धर्मग्रंथों से अर्जित किया है, इसलिए इसे वैकल्पिक मानना, आज के युवाओं के लिए घातक सिद्ध होगा

उदाहरण के लिए एक पिता कहता है, की बेटा जरा इधर आना मुझे तुमसे कुछ बातें करनी है

तो बेटा कहेगा, हे डैड व्हाट्स अप, अभी बिजी हूँ बाद में बात करूँगा, और हाँ अगर आपने वो कल वाला राग ही अलापना है

तो सॉरी, मैं आपकी एक नहीं सुनने वाला, आप क्या चाहते है की पुराने रिवाजों के चलते मैं अपने लम्बे बाल कटवा लूँ, और अपनी इस प्यारी सी चोटी का क़त्ल कर दूँ

नेवर डैडी, ये नहीं होगा, आप नहीं जानते कैसे मैंने अपने बालों को बढाया है

ये नहीं कटेंगे, तो नहीं कटेंगे फिर चाहे कुछ भी हो जाये, इसलिए आपकी सोच आपको मुबारक, मैं तो चला दोस्तों के पास, टाटा, बाय बाय एंड गुड लक

यहाँ पर असली समस्या है ज्ञान का आभाव, जो दोनों पक्षों में है, मैं यहां किसी एक को दोषी नहीं मानता

जहाँ आज का युवा भारतीय पुरातन संस्कृति और विचारों से महरूम है, तो वहीं अधिकांश माता-पिता समय से पिछड़े दिखाई पड़ते है, अर्थात वो आधुनिकता को अपनाने में कंजूसी करते है

मैं ये नहीं कहता की अपनी संतान को रोकना टोकना बुरी बात है, आवश्यकतानुसार हमें ये करना चाहिए, ये तो हमारा पहला हक़ है

क्योंकि जब वो अपनी बात को बेशर्मी से कहने में पीछे नहीं हटते, तो फिर हमें भी उन्हें समझाने में शर्म नहीं करनी चाहिए

ध्यान रहे, की उनसे चर्चा शुरू करने से पहले आपने तथ्यों को समझ लिया हो, अर्थात जहाँ आपको मॉडर्न एप्रोच अपनानी पड़े, बेहिचक अपनाये

तथा सयंम, धैर्य और अनुशाषण से युवाओं की बुद्धि को उजागर करते रहे, ध्यान रहे हमने उन्हें नीचा नहीं दिखाना, और ना ही उनसे व्यर्थ की बहस में पड़ना है

जिस तरह आप एक बिन्धारी तलवार से लड़ नहीं सकते, ठीक उसी तरह खुदको अपग्रेड किये बिना, इस अप्रत्यक्ष जंग को जीत पाना असम्भव है

मैं प्रतिदिन युवाओं तथा अन्य सूत्रों से संवाद के द्वारा विभिन्न जानकारियां प्राप्त करता रहता हूँ, संक्षेप में कहूँ तो मैं, हर आयु वर्ग के लोगों से मंत्रणा कर अपने ज्ञान एवं बुद्धि को परिष्कृत करता हूँ

इसलिए मैं जो भी कहता अथवा लिखता हूँ वो कोरी कल्पना नहीं, वरन आज की सच्चाई है

जब मैं छोटा था, तब पिता जी अक्सर समझाते थे, की बच्चो एक बात कान खोलकर सुन लो, हमें मर्यादित रह वक्त के साथ बदलना होगा, और जो नहीं बदलेगा वो पिछड़ जायेगा

वक्त बिता और उनकी बातें सही साबित होने लगी, मैं बात कर रहा हूँ सैवनटीज और नाइनटीज के आसपास की

जब हम स्कूल और कॉलेज में लडकियों के साथ घुलमिल कर उठते-बैठते, पढ़ते-लिखते और अन्य सामाजिक कार्य किया करते थे

हमारा एक दूसरे के घर बैखौफ आना-जाना, इकट्ठे एवं ग्रुप में सिनेमा देखना, पिकनिक पार्टीज और यहाँ-वहां मटरगस्ती करना, हमें बहुत सुहाता था

जबकि यही बातें पिताजी की युवा अवस्था में, उनके लिए लगभग निषेध थी, और ऐसा करने वालों को समाज गलत नजर से देखता था

कॉलेज के प्रथम वर्ष में, मैंने मित्रों को घर आने का न्यौता दिया, अवसर था मेरी बर्थडे पार्टी का, केक काटने से लेकर, खाना पीना, नाचना गाना सब हुआ

चूँकि मेरा परिवार बच्चों की आजादी तथा खुले विचारों का समर्थक था, तो मुझे कोई दिक्कत नहीं हुई

परन्तु जैसे ही मेरे कॉलेज की इन मित्र लड़कियों ने, बालकनी में टहलना शुरू किया, मौहल्ले की छतों और झरोंखों से अनगिनत आँखें उन्हें घूरने लगी

पड़ोसी अचंभित थे, की क्या सोचकर इन लड़कियों के माता-पिता ने इन्हें, एक अनजान लड़के की बर्थडे पार्टी पर यहाँ भेज दिया

आप भी सोच रहे होंगे की इसमें कौनसी बड़ी बात है, आज तो लोग खुल्लम-खुल्ला घूम रहे है

जिसपर मैं कहूँगा, की यह घटना मेरे कॉलेज टाइम यानि नाइनटीज की है आज की नहीं, आज का वक्त काफी अलग है

समझने वाली बात ये है की, मैं और मेरे पड़ोसी एक ही मोहल्ले में रहते थे, हमारे परिवारों का आकार और आर्थिक स्तिथियाँ एक ही समान थी

उम्मीद है हमारा शैक्षिक स्तर भी समान ही रहा होगा, औरों का तो पता नहीं परन्तु हमारे परिवार में, खुलकर बातचीत और चर्चा करने का चलन था

जिसमे अक्सर हमें अपनी आजादी और जिम्मेदारियों का अहसास कराया जाता था, हम सभी भाई-बहन, ध्यानपूर्वक बड़ों का श्रवण किया करते थे

तथा संशय होने पर विचार रख, चर्चा करते थे, जिससे वैचारिक मतभेद होने के बावजूद, हमें एक दूसरे को सुनने और समझने का अवसर मिलता था, और साथ ही हमे नित्य-नयी बातें सिखने को मिलती थी

परिणामस्वरूप हमारा मस्तिष्क जागरूक रहता था, हमें ये ज्ञात रहता था की हमे कब, कहाँ और क्या बोलना है

तो अब कौन किसके घर आता-जाता है, कौन क्या पहनता है क्या खाता है, कौन किसका यार है और पड़ोसियों के घर में क्या चल रहा है

हमारा इन बातों से कोई लेनादेना ना था, क्योंकि हम इस **"तांका झाकी वाले बिज़नस"** से कौंसों दूर थे

मैं दृढ़तापूर्वक कह सकता हूँ, की मेरे पड़ोसियों और उनके बच्चों में, इन गुणों का विकास नहीं हुआ होगा, तभी उन्हें बालकनी तथा दूसरों के घरों में झाँकने की गन्दी आदत थी

तो आप मानकर चलिए की, जिसने भी अपने घर की अच्छी बातों को सुना, समझा, सिखा और अपनाया होगा, वो हमारी तरह अपने घर के अन्दर था

और जो लोग इस बात की महत्ता को नहीं समझ पाए, वो घर की छत और बाहर मुंडेरों पर लटके हुए थे

कहने का भाव - की हमें "जनरेशन गैप" से भ्रमित नहीं होना, और ना ही इससे डरना है

हमें तो बस एक ही काम करना है – और वो है सवांद, सवांद अर्थात बातचीत, बातचीत अपने बच्चों और समाज के सभी युवाओं से

क्योंकि इसी सवांद के द्वारा हमें उन युवाओं को समझना, जानना और उन्हे सम्मान देना होगा, ये वही कार्य है जिसे वो खुद करने में सक्षम नहीं है, और भ्रम के चलते हमसे बहस करने लगते है

तो इस तरह संवाद करने से जब हमारा वैचारिक तालमेल उनके साथ बैठने लगे, तथा हम एक-दूसरे को समझने लगे तब हमें साम, दंड और भेद लगाते हुए

अपने बच्चों को उनके गौरवशाली इतिहास, सभ्यता, और विरासत से अवगत कराना चाहीए, हमारा काम सिर्फ उन्हें समझाना, बताना और जागरूक करना है

हमारे विचारों को मानना यां ठुकराना, उनकी अपनी नियति होगी, यानि यही उनका सौभाग्य अथवा दुर्भाग्य साबित होगा

क्योंकि आप ऊँठ को खींचकर तालाब तक ले जा सकते है, परन्तु चाहकर भी उसकी गर्दन डुबो उसे पानी नहीं पिला सकते

आशा करता हूँ की आप मेरे विचारों से सहमत होंगे, और आज के बाद सवांद रूपी चाभी से, बंद दिलों के तालों को खोलने का प्रयास अवश्य करेंगे

जो अंततः इस जनरेशन गैप रूपी खाई को पाटने में सहायक सिद्ध होगा।

क्या आप परेशान है?

क्या आप परेशान है? भैया मेरी छोड़ो ये बताओं ऐसा कौन है जो परेशान नहीं है, कोई सौ ग्राम तो कोई आधा किलो, घंटी सभी की बजी पड़ी है परेशान सभी है

अम्मा बताती थी, जो घर ना देखा हो वही अच्छा

वो ठीक ही कहती थी, आज दस में से नौ लोगों के चेहरों पर खुशी देखने को नहीं मिलती, सभी का हाल एक जैसा है, इससे पहले की मैं आगे बढ़ूँ, मैं आपसे पूछना चाहता हूँ

क्या परेशान होना जरुरी है? मुझे आपकी टिप्पणियों का इंतजार रहेगा जिसे आप मेरी वेबसाइट **ऑथर चाय वाला डॉट कॉम** पर दर्ज करवा सकते है

मैं वादा करता हूँ, की चुने हुए बेस्ट और ज्ञानवर्धक उत्तर को पहचान सहित आगामी पुस्तक में प्रकाशित करूँगा

परेशानी का आलम यूँ है, की इन्सान सुबहा से लेकर शाम तक, भागता ही रहता है

जो बेरोजगार है वो इंटरव्यू के लिए भागता है, जो नौकरीपेशा है वो अपनी नौकरी से भागता है

जो खाली है, वो काम के लिए दौड़ता है, और जिसके पास काम है वो उसे करने से मुहँ मोड़ता है

खाली जेब व्यक्ति व्यापार से वंचित है, तो व्यापारी होने वाले नुकसान से चिंतित है

कुवारें शादी को रो रहे है, तो शादीशुदा करवा के रो रहे है

निसंतान दर-दर भटक रहे है, संतान वाले माथा पटक रहे है

कम आकर्षक इंसान सुन्दरता चाहता है, और जो इंसान सुन्दर है वो छुपना चाहता है

नाटे कद वाला गोलियां खाता है, और जो लम्बा है वो अपना सिर बचाता है

पहाड़ी लोग शहरों में, तो शहरी लोग पहाड़ों में सुकून ढूँढते है

बाहर लोग होम फूड तलाशते है, और घर में दाल तड़का बनवाते है

दिनभर चिल्लाते है की जीवन मिथ्या है, तो शाम को धमकाते है कोर्ट में देख लेंगे

मेरी नजर में ऐसे सैंकड़ों अन्य उदाहरण भी है, जो दर्शाते है की दुनिया कल के चक्कर में अपने आज को गवां रही है

ऊपर लिखी बातें कोरी कल्पना नहीं, वरन आज की सच्चाई है, अगर आप भी इनमे से एक अथवा अधिक से ग्रसित है

तो मानकर चलिए, की आप भी परेशान है, अब चाहे आप कुछ भी कर लो, कितनी भी दलीलें दें दो

मुझे और खुदको समझाने की भरपूर कोशिश कर लो, पर सच्चाई तो यही रहेगी

की आप भी परेशान है

मेरी माने तो, कठिनाइयाँ, दुविधाएं, अडचने, विरोधाभास, मनवांछित फल ना मिलना अथवा परेशानी, तभी हावी होती है

जब हम उसके वजूद को स्वीकारने लगते है, आज विज्ञानं भी अवचेतन मन और दिमाग की शक्तियों को पहचानने लगा है

एक सच्ची, मशहूर और रोचक लघु कथा, मैं आपके सामने प्रस्तुत कर रहा हूँ, तो चलिए फिर शुरू करते है

एकबार मशहूर वैज्ञानिक थॉमस एडिसन स्कूल से पढ़कर घर लौटे, उनके हाथों में एक लैटर था जो क्लास टीचर ने थॉमस की माँ के लिए भेजा था

थॉमस ने लैटर पकडाते हुए कहा, माँ टीचर ने यह लैटर आपके लिए भेजा है और कहा है, की इसे सिर्फ और सिर्फ आप ही पढ़ और समझ सकती है

लैटर पढ़ते ही माँ की आँखें डबडबा गयी, जिनसे आंसुओं की अविरल धारा बह निकली, वो फूट-फूटकर रोने लगी, जिसे देख थॉमस थोडा घबरा गए, उन्होंने माँ का हाथ पकड रोने का कारण पूछा

माँ ने आंसूओं को रोककर, मुस्कुराते हुए कहा, की बेटा इसमें लिखा है की आपका बेटा, थॉमस एडिसन अत्याधिक बुद्धिमान और जीनियस है, जिसके विपरीत हमारा स्कूल और यहाँ के टीचर्स निम्न दर्जे के है

जिसके फलस्वरूप हम नहीं चाहते की हमारी कमियों और खामियों की वजह से थॉमस का जीवन बर्बाद हो, इसलिए बेहतर होगा की आप उसे घर पर ही पढ़ायें

और उसकी भलाई हेतु उसे आगे से स्कूल ना भेजें, तारीख गवाह है, की माँ ने लम्बे समय तक थॉमस एडिसन को घर पर खुद ही पढाया

समय बिता और थॉमस एडिसन वैज्ञानिक बने, उसके कुछ समय बाद उनकी माँ चल बसी

लोग बताते है की, माँ की मृत्यु के पश्चात, एक दिन थॉमस अपनी माँ के पुराने बक्से को साफ़ कर रहे थे

और इसी बक्से से उन्हें, स्कूल द्वारा सौंपा गया वही पुराना लैटर मिला जो उन्होंने अपनी माँ को दिया था, चूँकि अब माँ तो चल बसी थी, तो थॉमस ने आदर और सम्मान स्वरुप उस लैटर को खोलकर पढ़ा

जिसमे साफ साफ़ लिखा था, की मैडम आपका बच्चा थॉमस एडिसन बहुत ही मंदबुद्धि और निम्न दर्जे की समझ रखने वाला विद्यार्थी है, उसके द्वारा पूछे जाने वाले सवाल बेकार और अजीबोगरीब होते है, जिनका हमारे पास कोई उत्तर नहीं होता

हमें नहीं लगता की आपका बेटा हमारे स्कूल में पढ़ने के लायक है, क्योंकि उसकी वजह से अन्य बच्चों और हमारे स्कूल की साख पर बट्टा लग सकता है

इसलिए बेहतर होगा की आप, इसे हमारे स्कूल ना भेजें, हमारे यहां ऐसे बच्चों के लिए कोई जगह नहीं है

लैटर पढ़ते ही, थॉमस एडिसन के आँखों से पानी बहने लगा, वह लैटर की सच्चाई और वर्षों पुरानी अपनी खामियों को जानकर हैरान थे

तथा साथ ही वह अपनी माँ की समझ और महानता के आगे नतमस्तक थे। जिन्होंने कभी भी थॉमस को यह महसूस नहीं होने दिया की वो एक मंदबुद्धि या नकारा विद्यार्थी है

यही एक वजह थी, जिसके चलते मंदबुद्धि थॉमस एक दिन अपनी लगन और मेहनत के बलपर, विख्यात वैज्ञानिक थॉमस एडिसन के नाम से प्रसिद्ध हुए

सन्देश ये है, की जैसे थॉमस की माँ ने अपने बेटे को, लैटर की नकारात्मकता और उसकी खामियों से दूर रखा

ठीक उसी तरह आपको भी अपने जीवन की नकारात्मकता और संशयों को त्यागकर कठिनाइयों पर विजय प्राप्त करनी है

बशर्ते की आपने उन कठिनाइयों और कमजोरियों को स्वीकार ना किया हो, यहाँ स्वीकारने से मेरा अर्थ उसे मानसिक रूप से ग्रहण करने से है

यानि की जब आपका अवचेतन मन ये जान लेता है की उसे जीतना है, तो फिर उसे जीतने से कोई नहीं रोक सकता

जैसे की अक्सर छोटे बच्चे अपनी ही परछाई को देखकर डरने लगते है, और ऐसा इसलिए होता है क्योंकि उनका अवचेतन मन उस परछाई को भूत मानने लगता है, जो उनके चलने पर उनका पीछा करता है

जबकि वास्तव में ऐसा कुछ भी नही होता, परन्तु बच्चे का मन सिर्फ उसी बात पर विश्वाश करता है जिसे उसके अवचेतन मन ने ग्रहण किया था

ऐसे ही अनेकों उदाहरण है जो दर्शाते है, की हमारी परेशानियों के बीज कहीं ना कहीं हमारे मन में पड़े होते है

जिन्हें नजरंदाज करके अनेकों परेशानियों से बचा जा सकता है, इसलिए अब ये आप पर निर्भर करता है, की आपको परेशान रहना है यां अपने लक्ष्यों की और आगे बढ़ना है

इसलिए जितना सम्भव हो उतना, सॉल्यूशंस की बात करें ना की प्रॉब्लम्स की।

परेशानियां थी, हैं और आती जाती रहेंगी ये हमारे जीवन का वो अभिन्न अंग है जिसके बिना हम जीवन की कल्पना भी नहीं कर सकते, इसलिए सचेत रहें, जागरूक रहें परंतु कभी भी समस्याओं को खुदपर हावी ना होने दे

आप पुस्तकों, महापुरुषों के विचारों अथवा सुयोग्य व्यक्तियों से संवाद कर जीवन की नकारात्मकता से बच सकतें हैं

बाप बड़ा ना भैया, सबसे बड़ा रुपैया

बाप बड़ा ना भैया, सबसे बड़ा रुपैया - जेब अगर है खाली तो जीवन ताता-थैय्या, अबजब खीसे में फूटी कौड़ी नहीं होगी तो जीवन का ताता-थैय्या तो होकर ही रहेगा

छैय्याँ-छैय्याँ तो होने से रहा, आपको एक राज की बात बताता हूँ, क्या आप कलिकाल भाई को जानते है?

भाई अपने दिमाग पर अधिक जोर मत दो, वर्ना वो आगे खिसक जायेगा, तो फिर अब मेरी बात ध्यान से सुनो

कलिकाल बोले तो, कलयुग भाई और ये कोई बॉम्बे शोम्बे वाले भाई नहीं है

ये है इस काल के युग अर्थात **कलयुग**, अब कुछ समझ में आया, ठीक है चलो फिर आगे बताता हूँ

मुझे तो लगता है की, इस दुनिया के आधे से ज्यादा सयाने और जुगाड़ू व्यक्ति कलयुग की आड़ में अपने पापों को छुपा लेते है, अब पूछो कैसे – पूछो पूछो

वो इस तरह से, की जब भी जीवन में कोई काण्ड करो यां भसूड़ी डालो, तुरन्त रोना शुरू कर दो, की अब क्या करें भाई साहब हमारा तो टाइम ही ख़राब चल रहा है, और ये तो वैसे भी कलयुग है इसपर इंसानों का कोई जोर नहीं वगैहरा वगैहरा

इस नौटंकी से आपका तो हो गया, पर बेचारे कलयुग का क्या? उसकी तो आपने लंका लगा दी, बिना फूंक मारे ही उसकी मोमबत्ती बुझा दी

वक्त के साथ मैं भी मानने लगा हूँ की बिन पैसे सब सूना, चाहे आप काले हो यां कलूंडे, बौने हो यां फिर नाटे, चाहे आपकी शक्ल

टिंडे जैसी हो, कोई टेंशन नहीं इससे दुनिया को कोई फर्क नहीं पडता की आप कैसे दिखते है

बशर्त, आपकी जेब नोटों से भरी हो, वो क्या कहते है उसे, सॉलिड वाला बैंक बैलंस हो, बस इतना ही काफी है इस स्वार्थी दुनिया को नचाने के लिए

धन्यवाद् की आप थोडा मुस्कुराए, यूँ तो मामला पैसों का है, जो की एक सीरियस बिज़नस है, पर भाई हँसने पर कोई टैक्स नहीं लगता, तो फिर थोड़ी गुदगुदी तो बनती है

चलो अब मुद्दे की बात करते है, यक़ीनन पैसों की महिमा निराली है, कुछ की तोंद बाहर तो कुछ का पेट खाली है

आज दुनिया पैसों के दम पर यूँ इतराती है मानो वो खुदा हो, लेकिन सच तो ये है, की पैसों से व्यक्ति मृत्यु को चकमा तो दे सकता है परन्तु अमर नहीं हो सकता

ठीक वैसे ही, जैसे हम पैसों से लियाकत अथवा शिष्टाचार नहीं खरीद सकते, अगर कोई ईमानदारी पर अड़ जाये, तो हम खुद को बेचकर भी, उसकी ईमानदारी नहीं खरीद सकते

सुना है इस दुनिया में सबकुछ बिकता है, जरूरत है तो कीमत लगाने की, मेरी माने तो ईमान उसी का बिकेगा, जो बईमान होगा

पैसों की महत्ता को कभी भी नकारा नहीं जा सकता, परन्तु हमारे जीवन की उपलब्धि और पूर्णता इस बात से साबित होती है, की हमारी झोली में कितने मित्र, प्रियेजन और चाहने वाले है

वास्तव में धन और परिवार एक दूसरे के पूरक है, जैसे की एक खुशहाल और मजबूत परिवार व्यक्ति की तरक्की को सुनिश्चित करता है

ठीक उसी तरह धन का प्रवाह, परिवार के लालनपालन और अन्य जरूरतों की पूर्ति करता है हमारी दैनिक जरूरतों तथा

विभिन्न सामाजिक कार्यों के लिए हमारे पास **पर्याप्त धन** का होना अतिआवश्यक है

यहाँ मैंने धन को पर्याप्त इसलिए कहा, क्योंकि पर्याप्त धन हमें सदैव अभावों से मुक्ति देता है, साथ ही पर्याप्त धन हमें तृष्णा और लालच से भी बचाता है

पर्याप्त का अर्थ है - ना कम ना ज्यादा, यानि जितने की हमें आवश्यकता है

बावजूद इसके दुनिया यही मानती है, की धन ही सबकुछ है, तो ऐसे में मेरा दायित्व बनता है, की मैं उन्हें एक सच्ची लघु कथा बताऊँ

मिस्टर एंड मिसिज वर्मा की दो संताने थी, पहला लड़का नाम वरुण तो दूसरी बिटिया नाम पूजा, चूँकि मिस्टर एंड मिसिज वर्मा दोनों ही उच्च पदों पर आसीन थे तो उन्हें अपने घर परिवार तथा बच्चों के साथ क्वालिटी टाइम स्पेंड करने का अवसर कम मिलता था

उनके वर्क डैडीकेशन, और आधुनिक सोच का मैं भी कायल हुआ करता था, जब मैं कक्षा आठ में था तब उनके घर मारूति कार हुआ करती थी, और मेरे घर साइकिल से काम चलता था

मैं आज भी कैलकुलेट करूँ तो वो हमसे लगभग बीस-तीस वर्ष आगे की सोच रखते थे, और ठीक उन्ही के नक्शेकदम पर चलते हुए उनके बच्चो ने खुद को स्टैंड किया था

उनकी पढाई लिखाई और जीवन शैली काफी मॉडर्न थी, वो उस समय अंग्रेजी में गिटर-पिटर किया करते थे

उनका सबकुछ सुव्यवस्थित और ऑटोमेटेड था, वरुण के पैरों पर खड़े होते ही उसकी शादी कर दी गयी, मुझे याद है उसकी उम्र कोई बीस यां फिर इक्कीस रही होगी

लड़की यानि की होने वाली बहूँ भी सुन्दर, सुशील और धनी परिवार से थी, सबकुछ परफेक्ट और टाइमली हो रहा था

शादी बढ़िया से हुई, दुल्हन घर आयी और जीवन आगे बढ़ने लगा, वरुण एक ऑटोमोबाइल इंजिनियर था, उसकी जॉब सेफ एंड सिक्योर थी

अंकल आंटी यानि की मिस्टर एंड मिसिज वर्मा दोनों राज्पत्रित अधिकारी थे, सैलरी अच्छी थी, घर अपना था, शायद उनके चार-पांच फ़्लैट और भी थे जो उन्होंने यहाँ वहां ले रखे थे

बेटी पूजा अभी छोटी थी, तो उसकी शादी की चिंता ना थी, कोई दो साल बीते होंगे की उनका बेटा वरुण चल बसा

न्यूज़ शोर्किंग और दिल को चीर देने वाली थी, पता चला की उसका हार्टफेल हुआ था, सभी अचंभित थे, ना शराब, ना बीडी-सिगरेट, ना पान-गुटका और ना ही कोई अन्य नशा अथवा बीमारी

उनके घर मातम था, जो घर कभी खुशियों और उर्जा से लबरेज रहता था, आज शमशान लगने लगा था, खैर जो भी था बड़ा दुखदायी था

दो महीने बाद अंकल आंटी से दुबारा मिलना हुआ, ये वही अंकल आंटी थे जिनकी चाल ढाल, शानोशौकत और तहज़ीब से माहौल बदलने लगता था

परन्तु आज वो सिर्फ और सिर्फ सिर झुकाए बैठे थे, वो इतनी धीमे बोल रहे थे की मुझे सुनने के लिए आगे की और झुकना पडता था

कुछ देर बैठने के बाद वो खुद ही बताने लगे, की उस वक्त उन्होंने लगभग पचास लाख रूपये से अधिक वरुण पर लगा दिए थे

डॉक्टरों ने उन्हें जो कहा, जैसा कहा वो करते गए, यहाँ से वहां, तो वहां से यहाँ, क्या सरकारी तंत्र तो क्या उनका रसूख उन्होंने सबकुछ झोंक दिया था

परन्तु वो अपने बेटे वरुण को बचा ना सके, ये सब बताते हुए उनकी आँखें नम थी, शायद आज पहलीबार मैंने उन्हें रोते हुए देखा था, वो लगभग बिलख रहे थे

खैर वक्त बीता, समय बदला और बेटी पूजा की शादी का मुहूर्त आ निकला, जिसकी तैयारियां अब जोरों पर थी, अबतक दोनों ने नौकरी से रिटायरमेंट भी ले ली थी

इससे पहले की मैं आगे बढ़ूँ, मैं आपको एक बात बताना तो भूल ही गया की, वरुण के जाने के बाद, अंकल आंटी ने अपनी बहू यानि, वरुण की पत्नी को सभी बन्धनों से मुक्त कर दिया था

अर्थात वो मानते थे कि उनका बेटा तो जा चुका है, तो अब ऐसे में लड़की की बची हुई जिन्दगी क्यूँ ख़राब की जाये, कम उम्र विधवा को, घर रखने से अच्छा है, उसे उड़ने के लिए नया आसमान दिया जाये, यही सोच उन्होंने उसे, उसके माता-पिता को वापिस सौंप दिया था

उन्हें ऐसा करने का दुःख तो था पर वो कुछ कर नहीं सकते थे, आज शायद दुबारा खुशियों ने उनके घर दस्तक दी थी, उनका होने वाला दामाद एक, एन-आर-आई था जो विलायत में सैटल था, अब शादी के बाद पूजा ने भी अमेरिका चले जाना था

धूमधाम से शादी हुई, वरुण सभी को याद आया और नियति अनुसार पूजा अपने भावी जीवन की और बढ़ चली

वो दस महीनो बाद लौटकर भारत वापिस आयी, अंकल आंटी से मिली अच्छा समय व्यतीत किया और दुबारा अमेरिका लौट गयी, आगे वो गर्भवती हुई तो उसके ससुराल में खुशियों का ठिकाना ना था

अंकल आंटी ने जा जाकर सबको बताया, उन्होंने प्लान किया की वो जल्द ही पूजा से मिलने अमेरिका जायेंगे, सारी तैयारियां पूरी हो चुकी थी

की अचानक ही कोरोना ने विश्व में दस्तक दी, आगे क्या हुआ मुझे लिखने की आवश्यकता नहीं, क्या रिक्शा तो क्या हवाई जहाज सब बंद हो गए

इतना कठिन समय जिसकी किसी ने कल्पना भी नहीं की थी, आज सिर पर आन पड़ा था अंकल आंटी मन मारके रह गए, अब तो उन्हें ईमेल और फ़ोन का ही सहारा था, वो प्रतिदिन पूजा से बात किया करते थे

उन्हें पूजा और उसके होने वाले बच्चे की चिंता थी, वो खुद को मजबूर और असहाय महसूस करते थे, आज भी उनके पास ढ़ेरों पैसा और साधन थे पर इस कोरोना के आगे वो बेबस थे

उनका दामाद और समधी उनकी चिंता को समझते थे, वह लोग भी पिछले पांच दशकों से अमेरिका में रह रहे थे, उन्हें वहां की नागरिकता प्राप्त थी, उनका अच्छा खासा नेटवर्क और रुतबा था

परन्तु कोरोना ने उनके भी पर क़तर दिए थे, समय बीता तो अमेरिका में कोरोना का कहर बढ़ने लगा, उसकी चपेट में जो भी आया बच ना सका, कुछ ऐसा ही पूजा के साथ भी हुआ

राम जाने कहाँ से उसे इस वायरस ने आ घेरा, उसकी डिलीवरी डेट भी करीब थी, पर अब कुछ नहीं हो सकता था, उस वक्त जो भी बन सका वहाँ के डाक्टरों और सिस्टम ने किया

परन्तु होनी को कौन टाल सकता है, वो तो होनी थी, सो हो गयी और अपने साथ पूजा और उसके बच्चे को ले गयी, उसके ससुराल में तो हाहाकार था

और ये समाचार जब अंकल आंटी को पता चला तो उनके घर मातम छा गया, ये एक ऐसा झटका था जिसे आंटी बर्दाश्त ना कर सकी और दुनिया से कूच कर गयी

ये वो समय था जिसे नरक कहें, तो गलत ना होगा, जो भी हॉस्पिटल गया वो वापिस नहीं आया

लोगों को अपनों के अंतिम दर्शन तक ना हुए, अब शमशान की जगह हॉस्पिटलों ने ले रखी थी, तो चिता की जगह अब बिजली से चलने वाले शवदाह गृह थे

ये सब इतना डरावना था जिसे बताने हेतु मुझे माकूल शब्द नहीं मिल रहे, उम्मीद है आप मेरी भावनाओं को समझ रहें होंगे

सम्पूर्ण लॉकडाउन हटने, और हालातों के सामान्य होने पर, मैं हिम्मत जुटाकर उनके घर के सामने से गुजरा

देखा तो वहां कोई ना था, थी तो एक अजीब सी बियाबानी, जो यहाँ-वहाँ पसरी पड़ी थी

पिछली गली से गाड़ी निकाल मैं आगे बढ़ा तो, पीछे छोटी मार्किट थी जहाँ अंकल-आंटी ने वर्षों पहले एक दुकान खरीदी थी, शायद ये उनके सुखद सपने का हिस्सा थी जिसमे वह वरुण के लिए कार गैराज खोलना चाहते थे

एक पुराना बोर्ड, जिसका पेण्ट बारिश और धूप की मार से उतर चूका था, आज भी दुकान के ऊपर टंगा था, जिसपर लिखा था "वरुण ऑटो वर्कशॉप"

दुकान अस्त व्यस्त थी जिसका आधा शटर खुला हुआ था, बाहर लगे काउण्टर पर कुर्ता पायजामे पहने, एक व्यक्ति बैठा था

ढेरों गाड़ियाँ और लोग वहाँ से गुजर रहे थे, पर उसका ध्यान उनपर ना था, जी हाँ वो व्यक्ति और कोई नहीं बल्कि अंकल ही थे

जो अकेले बैठे, वहां की दीवारों और आसमान को घूर रहे थे, यां फिर सोच रहे थे की, पैसा तो आज भी है पर जो अपने थे, जिनके लिए ये सब कमाया था, उन्हें कहा से ढूंढकर लाऊं

वो दुकान बता दे कोई, जहाँ से मैं खुशियाँ खरीद कर लाऊं

तो कहने का भाव ये है की, इन्सान के जीवन में पैसे की वास्तविक महत्ता, बस इतनी ही है जैसे की खाने में नमक – अर्थात ना कम ना ज्यादा

मैं फिर से कहता हूं की पैसा जीवन का एक अभिन्न अंग और अहम जरूरत है। लेकिन सिर्फ और हमेशा पैसों के लिए ही सोचते रहने से जीवन बेरंग हो जाता है, क्योंकि जहां पैसों की अधिकता अथवा गलत तरीकों से कमाए गए पैसे की भरमार होती है वहां सुख और शांति कभी भी स्थाई नहीं रहती

तो इसलिए शपथ ले की, आप आज और अभी से मानव जीवन तथा प्रेम को तरजीह देंगे, इन्सान को इन्सान समझेंगे फिर चाहे वो किसी भी रुतबे अथवा तबके का क्यों ना हो

क्योंकि आपके बाप और भैया आपसे सदैव बड़े ही रहेंगे, लेकिन ये निगोड़ा रुपैया कभी भी इतना बड़ा नहीं होगा की ये दुनिया से जा चुके लोगों को लौटा लाये

क्योंकि ये तो वो छलिया है जो किसी का भी सगा नहीं, आज ये यहाँ तो कल ये वहां होगा

इसलिए हो सके तो, रिश्तों को बड़ा समझिये ना की पैसों को

और जैसा की संतों ने कहा भी है की **"साईं इतना दीजिये, जा में कुटुम्ब समाये – मैं भी भूखा ना रहूँ, साधू ना भूखा जाये"**

आशा करता हूँ. की आप मेरी बातों से सहमत होंगे, चलिए अब आगे बढ़ते है और कुछ और नया सीखते हैं

सच्चा प्यार सिर्फ किस्मत वालों को मिलता है

आजकल तो प्यार भी सच्चा और झूठा होने लगा है, अब ये वास्तव में क्या है, ये तो मैं भी नहीं जानता क्योंकि मैं अल्पबुद्धि इस प्यार व्यार के टंटे में नहीं पडता

हाँ इतना जरुर है की मैंने हजारों प्रेमी जोड़ों और टूटते बनते रिश्तों को करीब से देखा है, इसलिए मैं निष्ठापूर्वक इन्हें विश्लेषित कर आपसे बाँट सकता हूँ

लोगों की माने तो प्यार सिर्फ एक बार होता है, और वो एक बार वाला प्यार ही, सच्चा प्यार होता है

कुछ लोग ऐसे भी है, जिन्होंने एकबार जिसको दिल दे दिया तो फिर दे दिया, अब चाहे उनके प्रेम की नैय्या डूबे यां पार उतरे, उन्हें कोई फर्क नहीं पडता, उनके लिए तो बस यही सच्चा प्यार है

कुछ लोगों के हिसाब से सच्चा इश्क तभी परवान चढ़ता है, जब आग बराबर की लगी हो

कुछ लोगों के लिए ये एक किस्मत-कनेक्शन है, फिर चाहे इस कनेक्शन के लिए उन्हें बंगाली बाबा का सहारा ही क्यूँ ना लेना पड़े

अब और कितनी परिभाषाएं दूँ मैं इस सच्चे प्यार की – लिटिरली भाई ये तो एक पागलपन है और इससे पहले की मैं पागल हो जाऊं – मुझे विषय की और लौट जाना चाहिए

जानकारों की माने तो सच्चा प्यार वही है, जो जीवन की हर डगर और कठिन परिस्थितियों में आपके साथ खड़ा हो, और आने वाली सभी समस्याओं का डटकर मुकाबला करें

ध्यान रहे, जीवन की असली शुरआत गृहस्थी से होती है, तभी हमें आंटे-दाल का भाव और दुनियादारी की समझ पडती है

तभी ज्ञात होता है की बच्चे पैदा करना और फिर उन्हें पालना किसे कहते है

मेरी माने तो आप जिससे भी सच्चा प्रेम करते हो, उससे विवाह अवश्य करें, क्योंकि आज के युग में ये मामला किस्मत से कम और समझदारी से जल्दी सुलटता दिखाई पड़ता है

यहाँ मेरा इशारा, साफ तौर पर उन युवाओं की और है, जो आज रिश्तों को कपड़ों की तरह बदलने लगे है

आजकल ब्रेकअप, गर्लफ्रेंड और बॉयफ्रेंड का चलन आम है, जिसके चलते सच्चा साथी मिलना और भी मुश्किल हो गया है

मेरी नजर में आधे से ज्यादा युवाजोड़े तो, प्रेमी कहलाने के लायक भी नहीं है

उनकी भाव भंगिमाएं और बॉडी लैंग्वेज दर्शाती है, की वो प्रेम नहीं बल्कि शारीरिक आकर्षण के शिकार है

जहाँ वैलेंटाइन डे आया, यां फिर उन्हें एकांत मिला, कहानी खत्म और पैसा हजम, उम्मीद है आप मेरी बातों को समझ गए होंगे

एक सच्चाई ये भी है की सारे कपल्स एक जैसे नहीं होते, अनेकों ऐसे भी है जो रिश्तों को निभाना जानते है, बावजूद इसके सच्चाई से मुहँ नहीं मोड़ा जा सकता - की कहानी खत्म और पैसा हजम

क्योंकि, रियल और सीरियस जोड़े कभी भी एकांत की खोज और बेहूदा व्यवहार नहीं करते, वह अपने कैरियर, पढाई और नौकरी पर बराबर फोकस रखते है

और वक्त आने पर सही फैंसला ले, विवाह के बंधन में बंधते है, इनमे से अधिकतर को किसी भी पारिवारिक विरोध अथवा समस्या का सामना नहीं करना पडता

क्योंकि वह सेल्फ डिपेंडेंट होते है जिससे माता-पिता और परिवारों पर बोझ नहीं बनते, तथा समाज ये मानकर चलता है, की दोनों हंसी-खुशी अपने जीवन का निर्वाह कर लेंगे

दूसरी और अल्प सुख और आकर्षण के चलते, जो लोग विवाह तक नहीं पहुँच पाते उन्हें अंगूर खट्टे लगते है, उन्हें लगता है की ये सब किस्मत और सितारों का खेल है

इसमें भी अगर आप, पिछड़ी सोच वाले परिवारों अथवा दूर-दराज गांवों को छोड दें, तो आज अधिकांश प्रेमियों को विवाह करने, अथवा अपना घर बसाने में कोई दिक्कत नहीं आती

बाकि सच्चा और झूठा प्यार क्या होता है, ये तो करने वालों पर निर्भर करता है, जिसमे दोनों को, एक दूसरे की नियत और व्यवहार पर नजर रखनी होती है

आजकल तो जरूरत पड़ने पर कोर्ट और पुलिस भी सच्चे प्रेमियों का ही साथ देती है, इसलिए अगर आप एक दृढ निश्चय इन्सान है और आपकी नियत साफ है तो फिर आपको, सच्चा प्यार अवश्य मिलेगा

यूँ भी अब ज़माना बदलने लगा है, अब वो टाइम गया जब जीवन साथी के जाने के बाद लोग अपना पूरा जीवन उसकी याद में निकाल देते थे

मानव जीवन भाग्य से मिलता है, इसलिए हमें इसे व्यर्थ नहीं गवाना चाहिए

आपको जो भी साथी पसंद हो, उससे बात करें और सकारात्मक उत्तर मिलने पर, उसके साथ बैठकर प्लानिंग करें और जाने, की आप दोनों क्या चाहते है

और जब भी आपको लगे, की आप इस रिश्ते और जीवन के निर्वाह योग्य है, तो घर परिवार से आशीर्वाद ले शहनाईयां बजा डालें

अब कुछ मामलों में विरोधाभास भी है, जिसमे प्रेमी मिलते है, प्रेम होता है सहमति बनती है, परिवारों से आशीर्वाद भी मिलता है, शादी होती है, बच्चे तक हो जाते है

बावजूद इसके उनका रिश्ता ठहर नहीं पाता और टूटकर बिखर जाता है, अब ऐसा क्यूँ होता है? इसके भी अनेकों कारण हो सकते है

जैसे की शक और ग़लतफहमी का होना, खराब आर्थिक स्तिथि, ससुराल अथवा मायके वालों का बेवजह हस्ताक्षेप, एक्स्ट्रा मेरिटल अफेयर, इसके इलावा लड़के का नशे और बुरी संगत में फंस जाना, जमीन-जायदाद अथवा अन्य समस्याएँ

तो अब आप खुद ही सोचिये की आखिर इन्सान करे तो करे क्या?

तो इस तरह कुछ मामलों में ये साबित होता है, की सच्चा प्यार सिर्फ किस्मत वालों को ही मिलता है, क्योंकि इनके पास तो सबकुछ था फिर ये क्यों अलग हो गए?

अब कारण चाहे कुछ भी रहा हो, परन्तु इस बात से तो कतई इंकार नहीं किया जा सकता की **सच्चा प्यार सिर्फ किस्मत वालों को ही मिलता है**

क्या आप फूहड़ और उद्दंड है?

चमचमाती महंगी गाडी, ब्लैक-बैरी का सूट, हाथों में एप्पल आई फ़ोन और आँखों को ढांपता रेबैन का चश्मा, क्या बात है

जलवा तो देखते ही बनता था, लम्बे डग भरते हुए वो मुझतक आ पंहुचा

मैंने मुस्कुराकर उसका स्वागत किया - सुप्रभात, कहिए श्रीमान मैं आपकी क्या खिदमत कर सकता हूँ

वो मुझे एकटक घूरने लगा, मानो मैंने उससे तेलगु भाषा में संवाद किया हो, हे ईश्वर मैंने खुद को संभाला और पलकों को झपकाते हुए पुनः संवाद शुरू किया, परन्तु इस बार मेरी भाषा हिन्दी ना होकर इंग्लिश थी

मोर्निंग सर, हाउ आई कैन हेल्प यू, पहले के मुकाबले मेरी मुस्कुराहट ज्यादा विशाल थी, कारण इंग्लिश भाषा में तड़का मारे बिना बात ही नही बनती।

जिसपर उसने अपना मुहँ खोल, मुझपर पुष्पों की वर्षा की, पहले ही बता दूँ की वो पुष्प जंगली थे, उसने चश्मा हटाते हुए कहा

गाड़ी की सर्विस करवानी है, कौन करेगा तूं? और थोडा जल्दी करियो टाइम नहीं है हमारे पास

उसका एक तूं, उसकी अमीरी, गाड़ी, पहनावे और शख्सियत को धोने के लिए काफी था, खैर मुझे तो नौकरी बजानी थी

ट्रेनिंग्स में, हमें यही सिखाया जाता है की कैसे हमें ग्राहकों को शीशे में उतारना है, और किन परिस्थितियों में हमें क्या करना चाहिए

मैंने उसे शालीनतापूर्वक कस्टमर लाउन्ज तक पहुँचाया, और पैंट्री बॉय को चाय-कॉफ़ी परोसने को कहा, काफी देर तक वो इधर-उधर देखता रहा और फिर लाउन्ज में लगे टेलीविज़न में खो गया

ये घट्नाये मानव व्यवहार के उस पक्ष को उजागर करती है, जो धन, शिक्षा और रशूख की चादर तले, लुका छुपा रहता है

एक मशहूर कहावत है की – **Never Judge A Book By Its COVER**

अर्थात हमें कभी भी पुस्तक के आवरण से, उसकी गुणवत्ता और लेखन को नहीं आंकना चाहिए

और यही फार्मूला इंसानों पर भी लागू होता है जैसे की – **You Can't Judge A Person By Its LOOK**

अर्थात व्यक्ति की असली पहचान उसके चेहरे, मोहरे और पहनावे से नहीं वरन उसके व्यवहार, वाणी और शिष्टाचार से होती है

मेरा मंतव्य किसी पर ऊँगली उठाना अथवा किसी का दिल दुखाना नहीं है और ना ही मैं धनवान अथवा निर्धन की व्याख्या करने में सक्षम हूँ

एक लेखक होने के नाते, समाज की घटनाओं और बातों का विश्लेषण करना मेरा नैतिक दायित्व है

जिसके चलते मैं कथा, किस्से और कहानियों से आपके दिलद्वार पर दस्तक देता रहता हूँ, उम्मीद हैं की आप उठकर अपने दिल का दरवाजा खोलते होंगे

टेक्नोलॉजी ने हमारे जीवन को सरल बना डाला है, आज के बेतार माध्यम हमारे दिल के तारों को कुछ यूँ जोड़ देते है, जैसे टीच बटनों की जोड़ी

एक बटन दबाया नहीं, की आप जुड़ गए सारी दुनिया से, आज ज्ञान, शिक्षा और हुनर आपकी जेब में है, जब इच्छा हो तब पढ़ों, जितना चाहो उतना पढ़ों और जो चाहो वो सीखो

हाँ वो एक अलग बात है की, आज भी भारत की तीस प्रतिशत से अधिक आबादी, शिक्षा और ज्ञान से वंचित है, जनता के सहयोग और सरकारों की पहल से इसका निदान सम्भव है

आप भी कन्फ्यूज्ड होंगे की, आखिर लेखक चाहता क्या है? क्योंकि कभी ये तकनीक की बात करता है तो कभी शिक्षा की, तो कभी शिष्टाचार की

जबकि इस लेख का शीर्षक है, की क्या आप फूहड़ और उद्दंड है?

तो चलिए कुछ और जानकारीयां हांसिल करते है, मैंने यहाँ शिक्षा और तकनीक की चर्चा इसलिए की, क्योंकि ये एक दूसरे के पूरक है

बिना ज्ञान नर पशु समाना – इसलिए मैं दृढ़तापूर्वक और जिम्मेदारी से कहता हूँ

की *शिक्षा आपको हमेशा विनम्र और सभ्य बनाती है*, परन्तु जब मैं ये सुनता हूँ की आजकल इस पढ़ाई लिखाई ने लोगों का दिमाग ख़राब कर रखा है, यां फिर ऐसी पढ़ाई-लिखाई का भी क्या लाभ, की व्यक्ति अपनी तमीज ही भूल जाये

तो मेरा माथा ठनक जाता है, क्योंकि दुनिया हमेशा शिक्षित और ज्ञानियों से शालीन और सभ्य व्यवहार की कामना करती है, और ऐसा होना भी चाहीए

आप इसे कुछ यूँ भी समझ सकते है – कल्पना कीजिए बस में यात्रा करते हुए, किसी ग्रामीण अथवा पेंडू व्यक्ति, के मुहँ से कुछ अपशब्द निकल जाये, तो शहरी लोग उसे अनपढ़ और पिछड़ा मान, उसपर ज्यादा ध्यान नहीं देंगे और उसे भूल जायेंगे

जबकि यही दुस्साहस अगर उसने अपने गाँव की चौपाल यां गली मोहल्ले में किया होता, तो बात बढ़ भी सकती थी, और संभव है की जनता उसका फालूदा भी बना देती

और यही हरकत अगर किसी सूटेड बूटेड और पढ़े लिखे व्यक्ति ने की होती तो भी दुनिया यही कहती, की पढ़ाई लिखाई तो गई चूल्हे में, इस व्यक्ति को तो बात करने की तमीज तक नही है

सन्देश साफ़ है, की आपका व्यवहार ही आपकी पहचान है, स्थान और परिस्थितियां तो संजोग मात्र है

भले ही आपने कभी, स्कूल की चौखट ना लांघी हो, लेकिन अगर आपकी भाषा में आप, जी, आइए जी, जी श्रीमान, पधारिये, प्रणाम, धन्यवाद और मीठे शब्दों का मिश्रण है

तो दुनिया आपको हमेशा सुशिक्षित एवं क्वालिफाइड ही मानेगी

आज दस में से पांच लोग, सार्वजनिक स्थानों पर असभ्य व्यवहार करने से बाज नहीं आते, मैं दावे से कहता हूँ की ये लोग अपने घर पर भी कुछ ऐसा ही आचरण करते होंगे

नोट : मुझे कोई अथॉरिटी नहीं है, की मैं इस विषय को डिफाइन करूँ, परन्तु अपने विचारों और अनुभवों के आधार पर मैं इतना तो कह ही सकता हूँ

की निम्नलिखित कार्यों और एक्शनस को करने वाला व्यक्ति, कतई सभ्य एवं सुशिक्षित नहीं हो सकता भले ही उसने डॉक्टरेट, क्यूँ ना कर रखी हो, जैसे की............

सार्वजनिक स्थानों पर धूम्रपान, नशा अथवा मदिरापान करने वाला व्यक्ति

बेवजह गाड़ी का हॉर्न और गाड़ी में तेज संगीत बजाने वाला व्यक्ति

सड़क पर खड़े पानी में तेज गाड़ी चलाकर दीवारों, इंसानों और जानवरों को भिगोने वाला व्यक्ति

बेवजह जानवरों और बेजुबानो को सताने वाला व्यक्ति

चर्चा और बातचीत के समय अपने ही मोबाइल में व्यस्त रहने वाला व्यक्ति

बेवजह अपनी कमीज यां टी शर्ट के कालर खड़े करके रखने अथवा चलने वाला व्यक्ति

माताओं, बहनो, स्त्री-मित्र एवं बालिकाओं के आगमन पर, उठकर उनका अभिनंदन ना करने वाला व्यक्ति

बीमार, वृद्ध, गर्भवती महिला एवं छोटे बच्चों को विशेष सम्मान ना देने वाला व्यक्ति, क्योंकि इन चारों पर कभी भी सामान्य नियम लागू नहीं होते, फिर चाहे वो परिवहन यात्रा हो, रेस्टोरेंट हो अथवा बैंक एवं अन्य संस्थान

बेवजह स्त्रियों और कन्याओं को, स्पर्श करने वाला व्यक्ति

घर, ऑफिस तथा अन्य स्थानों पर चिल्लाकर बात करने वाला व्यक्ति

जान अथवा अनजान व्यक्तियों को ओये, अबे, शी-शी, ओये हेल्लो और इशारों से बुलाने वाला व्यक्ति

जान अथवा अनजान को भरे बाजार, ऑफिस, मेले अथवा समारोह में दूर से ही नाम लेकर पुकारने वाला व्यक्ति

भोजन करते समय पहले आरम्भ, अथवा खाकर पहले उठने वाला व्यक्ति

भोजन करते समय इमरजेंसी ना हो, तो भी मोबाइल में घुसे रहने वाला व्यक्ति

सार्वजनिक स्थानों पर अपने मोबाइल अथवा रेडियो में अश्लील गाने बजाने वाला व्यक्ति

सार्वजनिक और परिवहन साधनों में मूंगफली, चिप्स, जूस और सॉफ्ट ड्रिंक्स खाकर कचरा फ़ैलाने वाला व्यक्ति

अपने से जूनियर्स पर रौब और धौंस जमाकर बात और उन्हें दिशा निर्देश देने वाला व्यक्ति

बिना किवाड़ खटखटाए, और सीधा मुहँ उठाये कमरे में प्रवेश करने वाला व्यक्ति

शादी एवं समारोहों में, सिर्फ और सिर्फ अपनों का अभिनंदन एवं सत्कार करने वाला व्यक्ति

विशेषकर तब, जब अतिथि, वृद्ध एव गुरुजन एक साथ बैठे हो

बात एवं चर्चा में, बिना सुने फुदक-फुदक कर हस्तक्षेप करने वाला व्यक्ति

जो बात हो रही है उससे भटककर, यहाँ वहां के मुद्दों को उछालने वाला व्यक्ति

समाज को भूल, खुदको श्रेष्ठ साबित करने वाला व्यक्ति

बिना पूछे किसी के भी मोबाइल अथवा निजी समान को छूने वाला व्यक्ति

सहायता लेने के बाद, आभार प्रकट ना करने वाला व्यक्ति

अपने माता पिता, गुरु, बॉस, परिवारजन, मित्रों और देश के प्रति नकारात्मक सोच रखने वाला व्यक्ति

सामान्य चर्चा में राजनीति, पार्टी, पॉलिटिक्स एवं संगठनो की बड़ाई एवं निन्दा करने वाला व्यक्ति

बिना दान दिए, भण्डारों और लंगर में प्रसाद ग्रहण करने वाला व्यक्ति, साथ ही बर्तनों अथवा कैर्री बैग्स में प्रसाद भर भरकर घर ले जाने वाला व्यक्ति

छोटे बच्चों फिर चाहे वो किसी भी पक्ष अथवा परिवार के हो, में भेदभाव रखने वाला व्यक्ति

बाहर भोजन करते समय, उम्र अथवा पद में ज्येष्ठ होते हुए बिल के भुगतान में पहल ना करने वाला व्यक्ति

अपने कपड़ों, निजी समान, मोबाइल, घर एवं आभूषण के मूल्यों का प्रदर्शन करने वाला व्यक्ति

बस, मेट्रो, रेल अथवा अन्य साधनों, में सवारियों के उतरने से पहले ही खाली सीट्स के लिए लपक-लपक कर धक्का मुक्की करने वाला व्यक्ति

जाने अनजाने कम भुगतान करने और विशेषकर ज्ञात होने पर भी, बकाया ना लौटाने वाला व्यक्ति

सामर्थ्य होने पर भी जरुरत मंदों की मदद ना करने वाला व्यक्ति

इमरजेंसी को छोड़कर, बिना धुली कार प्रयोग में लाने वाला व्यक्ति

सड़क, गली, मैदान और पार्किंग लॉट में बे-तरबियत से गाड़ी खड़ी करने वाला व्यक्ति

ट्रैफिक एवं अन्य पुलिस अधिकारीयों के रोकने पर, अपनी कार में बैठे-बैठे उनसे बतियाने वाला व्यक्ति

चापलूसी और चाटुकारिता के बलपर अपनी नौकरी बचाने वाला व्यक्ति

सदैव अपने बॉस की लल्लो चप्पो और उसकी हां में हां मिलाने वाला व्यक्ति

धर्म, राजनीति, चुनाव अथवा देश पर चर्चा के समय एक तरफ़ा सोच रखने वाला व्यक्ति

मेहमान अथवा बच्चो के आने पर पकवानों और वस्तुओं को छुपाने वाला व्यक्ति

धनाभाव अथवा पैसे ना होने पर, बिना आग्रह किये भोजन करने वाला व्यक्ति

चन्द सिक्कों के लिए, झूठे और फर्जी बिलों अथवा किराये की टिकट्स को भुँनाने वाला व्यक्ति

किसी के बात ना करने पर भी, उससे जबरदस्ती चेप होकर बतियाने वाला व्यक्ति

बिना मांगे, राय और ज्ञान की नुमाईश करने वाला व्यक्ति

इन संकेतों और बातों की लिस्ट तो अनन्त है, उम्मीद है इस लेख के माध्यम से आप उनमे से कुछ एक को जान पाए होंगे

तथा बाकियों को जानने के लिए आपको, अपने आसपास नजर दौड़ानी होगी और देखना होगा की समाज कैसे व्यवहार करता रहा है

एक अच्छे समाज की परिकल्पना और सुखी जीवन के लिए, यहाँ दी गयी सभी बातें थम्ब रूल की तरह काम करती है

अर्थात जो बताती है की समाज में हमारा व्यवहार कैसा होना चाहिए, बावजूद इसके कई बार हालात गवाही नहीं देते और समीकरण बदल भी सकते है

जिसे मैं उदाहरण सहित आपके सामने पेश करता हूँ

जैसा की मैंने ऊपर जिक्र भी किया है - की बाहर भोजन करते समय, उम्र अथवा पद में ज्येष्ठ होते हुए भी बिल भुगतान ना करने वाला व्यक्ति

जिसका भाव ये है की, उम्र अथवा पद में बड़े होने पर बाहर खाना खाते समय अथवा अन्य कार्यों में हमें सबसे पहले बिल भुगतान की पेशकश करनी चाहिए, हमारी कोशिश यही होनी चाहिए की छोटों और जूनियर्स को भुगतान ना करना पड़े

बाकि इमरजेंसी होने पर, फण्ड की कमी अथवा पर्स आदि के खो जाने पर हमें सबके सामने बेहिचक अपनी दुविधा शेयर करनी चाहिए, और अन्य व्यक्ति को भुगतान करने देना चाहिए, फिर चाहें वो कितना भी जूनियर क्यूं ना हो

इसके इलावा मैने ऐसे दर्जनों लोग देखें है, जो पहले मेरे पैसे लो, पहले मेरे पैसे लो चिल्लाते रहते है

वो दर्शाने की कोशिश करते हैं कि उक्त बिल का भुगतान वही करेगें, **परन्तु बिल भुगतान का ये तरीका श्रेष्ठ नही है**, बेहतर होता की बिल अदा करने की इच्छा रखने वाला व्यक्ति, ये बात पहले ही ग्रुप में क्लियर कर देता की आज की इस पार्टी अथवा भोजन आदि का संपूर्ण बिल वही अदा करेगा

यां फिर अगर वो चाहता तो, होटल के मैनेजर आदि को पहले ही चैता देता की बिल सिर्फ उसे ही पेश किया जाए तथा बिल का भुगतान वही करेगा

वैसे भी आज के इस युग में, बिल का भुगतान पहले कर पाना अधिक सरल है, टोटल अमाउंट यानी बिल की राशी पता लगते ही, करने वाले सैकिंडो में पेटीएम अथवा गूगल पे स्कैन कर पेमेंट कर देते हैं

इसके इलावा असली सीनियर वही होता है जो सदैव अपने से छोटों का सम्मान करे तथा अगर कभी सम्मानपूर्वक जूनियर बिल भरना भी चाहें तो उसे बेहिचक भरने दे

जिसे सीनियर किसी अन्य माध्यम द्वारा अपने जूनियर को लौटा भी सकता है, उदाहरण के लिए अगर जूनियर ने हजार रूपए का बिल अदा किया हो तो वक्त आने पर सीनियर उसे ग्याहरा सौ का पारितोषिक दे बैलेंस क्रिएट कर सकता है

अब जो लोग जाने-अनजाने, उक्त गलतियाँ कर रहे थे, उनपर कोई पहाड़ नहीं टूटने वाला, बल्कि अब उनके पास एक अवसर है इन्हें सुधारने और ना दोहराने का

इसके इलावा जो लोग ये सब पढ़ने के बाद भी अपनी आदतों और सोच को नहीं बदलना चाहते, वो भी अपना जीवन जीने के लिए स्वतंत्र है, उन्हे कोई कुछ नही कह सकता

परन्तु इतना जरूर है की आज के बाद एक बात तो पक्की है, कि जब भी आप किसी को यह बातें दोहराते अथवा करते देखेंगे तो आपके मन में एक ही सवाल उभरेगा - **क्या आप फूहड़ और उद्दंड है?**

अपनी अपेक्षाओं की उपेक्षा करना सीखिए

नवीन गली तक पहुंचा ही था की दूर सामने से सुभाष जी आते दिखाई दिए, वही पीला कुर्ता सफ़ेद धोती और कंधे पर लाल गमछा

जीवन के सत्तर बसंत देख चुके सुभाष जी आज भी गोली की तरह चलते थे, वही जोश वही उमंग वही सादगी और वही हंसी, देखते ही बोले - राम राम नवीन बाबू

राम राम सुभाष जी, जय सिया राम, मैं जानता था आपसे मुलाकात अवश्य होगी

हाँ भाई जब दिल से याद करोंगे तो आना ही पड़ेगा, और सुनाओ सब राजी-बाजी

जी हाँ राजी-बाजी सब कुशल मंगल है, बस एक ही समस्या है

समस्या, कैसी समस्या नवीन बाबू, आप तो खुद प्रतिभा के धनी और ज्ञान के भंडार है

धनी तो हूँ महात्मा जी पर आप जैसा गुणी नहीं, आपकी सकारात्मकता और धैर्य के आगे मेरा ज्ञान पानी भरता है कहाँ आप सूरज और कहाँ मैं एक नन्हा सा दीपक

अब बस भी करो नवीन बाबू, काहे देवता बना रहे हो मुझ जैसे खूसट को बातें करते-करते, दोनों पार्क में जा पहुंचे सामने बैंच खाली पड़ा था तो वहीं बैठ गए

हाँ अब कहो क्या समस्या है?

अब आपसे क्या छुपा है सुभाष जी आपको तो सब पता है, भगवान् का दिया सब कुछ है पर उस मनोज ने नाक में दम कर रखा है, कहता है घर को बेच दो हिस्सा चाहिए

हिस्सा? अरे भाई किस बात का हिस्सा? जितना मैं उसको जानता हूँ नवीन बाबू बीते पन्द्रह वर्षों में मैंने उसे धेला कमाते नहीं देखा

एक नौकरी पकड तो दूसरी छोड, बस यही सब करता आ रहा है वो

लेकिन सच कहूँ नवीन बाबू, बुरा मत मानना थोड़ी गलती तो आप की भी है पहले तो आपने उसकी शादी कर दी, और जब कर ही दी, तो फिर काहे पाल रहे हो उसे

दो बच्चों का बाप हो चुका है वो, अब उसके दोनों बड़े भाइयों को ही देख लो, वो भी तो अलग रह रहे है अपना कमाते है अपना खाते है

आपकी एक-एक बात सच है सुभाष जी, आपने उन्हें गोदी में खिलाया है आप तो उनकी एक एक रग से वाकिफ़ है, पर मुझे सुझाइए की अब मैं क्या करूँ, कहाँ जाऊं इस बुढ़ापे में घर को बेचकर?

वाकई नवीन जी का दर्द और पीड़ा देखने लायक थी, तीन हट्टे-कट्टे लड़कों का बाप, जिसकी खुद की पेंशन तीस हजार थी, मानसिक दुविधा से गुजर रहा था

जानते है कुछ ऐसा ही आज समाज में लोगों के साथ घट रहा है, आज लोंगो की भूख और अपेक्षाएं इतनी बढ़ चुकी है, की समाज अपने पतन की और बढ़ने लगा है

इन्ही गिले-शिकवों से संसार पटा पड़ा है, लोग अपने बच्चो को पालते-पोसते और सक्षम बनाते है

ताकि वो एक दिन सहारा बन उन्हें सहयोग करेंगे, यां फिर कम से कम उनके साथ तो रहेंगे, पर आजकल ऐसा नहीं है, शादी हुई नहीं की चूल्हा अलग?

अब कई मामलों में बेटा तो कहीं बहू अलग रहना चाहती है, किन्ही स्थानों पर माँ-बाप ही बच्चों को अलग कर देते है, जिसके अनेकों कारण हो सकते है

हमारी दुविधा ये है, की हम एक सामाजिक प्राणी है, और हजारों वर्षों से कुटुम्ब, कबीलों और परिवारों में रहते आये है

स्वभावगत हमें, घर के जानवरों तक से प्यार हो जाता है? उन्हें बिना देखे यां दुलारे हमारी रोटी हजम नहीं होती

और जब रिश्ता खून का हो, और बात अपनों की हो, तो ज्यादा सोचना पडता है, क्योंकि जहाँ रिश्ता होगा, वहां अपेक्षाएं भी होंगी, और यही अपेक्षाएं अक्सर काम ख़राब करती है

रिश्ता चाहे दोस्ती का हो, पड़ोसदारी का, ऑफिस का यां फिर अपने घर का, मैं यकीन से कह सकता हूँ, की दुनिया में ऐसा कोई भी संबंध नहीं, जो आपको खाली हाथ रखता हो

फिर चाहे आपको खुशी मिले यां गम, दर्द मिले यां दवा, प्रेम मिले यां तिरस्कार कुछ ना कुछ तो आपकी झोली में आता ही है, वो बात अलग है की गम, दर्द अथवा तिरस्कार के ग्राहक कम ही मिलते है

जिस तरह आप जल में, सूखे रहने की कल्पना भी नहीं कर सकते ठीक उसी तरह इन सबसे बच पाना थोडा कठिन है

तो ऐसे में क्या किया जाये क्या जीवन यूँ ही चलता रहेगा? क्या हम इस इमोशनल अत्याचार से कभी नहीं बच पाएंगे, कोई तो उपाए होगा जिससे इसके प्रभावों को न्यूनतम किया जा सके

मैंने जितनो से पूछा सबकी एक ही राय थी - की यही दुनियादारी है इससे बचा नहीं जा सकता

जबकि मेरा मानना है की - अपनी अपेक्षाओं की उपेक्षा कर मनुष्य इस संकट से निकल सकता है, तो अब यहाँ, सौ में से निन्यानवे लोग यही कहेंगे की जनाब ना चाहते हुए भी अपेक्षा तो हो ही जाती है

और अगर हम अपनी अपेक्षाओं का गला घोंट देंगे, तो फिर हमें विभिन्न तत्वों और सुविधाओं की प्राप्ति कैसे होंगी

क्योंकि हजारों वर्षों से मनुष्य, सिर्फ और सिर्फ अपना ही वर्चस्व स्थापित करने में लगा है, उसे दुनिया से कुछ भी साँझा करना अच्छा नहीं लगता

तो ऐसे में अगर हम अपनी अपेक्षाओं का गला घौंट देंगे, तो फिर इस मृत्युलोक पर रहेंगे कैसे, फिर तो चल ली हमारी जिन्दगी और खा ली हमने रोटी

क्योंकि आज का मानव धरती पर ही नहीं वरन, चाँद और मंगल पर भी प्लाट खरीदना चाहता है

तो अब आप ही बताओं की इस कर्मकांडी दुनिया में, रिश्तों सहित सुखी, प्रसन्न और स्वस्थ कैसे रहा जाये?

जिसपर मैं एक ही बात दोहराऊंगा - अपनी अपेक्षाओं की उपेक्षा करके

चलिए अब इसे विस्तार से समझते है ताकि हमें सुख, प्रेम और शांति की प्राप्ति संभव हो

उदाहरण के लिए अगर आप, स्वयं और अपनी कंपनी की तरक्की हेतु खूब मेहनत और लगन से काम करते है

और साथ ही आप ये भी मानते है की आपमें कुछ तो बात है जो आपको अन्य लोगों से अलग करती है, जिसके चलते आप अपना काम अन्य कर्मियों की अपेक्षा सरलता और सटीकता से कर पाते है

और आपको खुद पर पूर्ण विश्वाश भी है, की निकट भविष्य में आपका प्रमोशन अवश्य होना चाहिए, जो सौ प्रतिशत सही भी है, यानि आपकी अपेक्षा में कोई दोष नहीं

ध्यान रहे – मैंने ये कदापि नहीं कहा की लोग केवल तरक्की और प्रमोशन के लिए ही कम्पनियों में बेहतर प्रदर्शन करते है

क्योंकि मेहनत और दिल लगाकर काम करने के उपरांत कम्पनियों का निर्धारित समय पर, अपने कर्मचारियों को तरक्की देना उनके पद एवं वेतन में बढ़ौतरी करना एक सतत प्रक्रिया है

जिसे हम प्रोसेस भी कहते है, समस्या वहां खड़ी होती है जब आप जैसे लायक व्यक्ति के होते हुए किसी अन्य व्यक्ति को प्रमोशन दे दी जाये

और वो भी ऐसा व्यक्ति जिसने जुम्मा-जुम्मा अभी ज्वाइन किया हो तथा अनुभव में वो, आपसे मीलों पीछे हो

ध्यान दीजियेगा – ऐसी बातें अथवा विचार सबसे पहले आप ही के दिमाग में आयेंगे, क्योंकि आप ही वो व्यक्ति है जिसकी काबिलियत, हुनर, ईमानदारी और अनुभव को नजरंदाज करते हुए कंपनी ने किसी अन्य व्यक्ति को प्रमोट किया है

जबकि ऐसा होने के कुछ अन्य कारण भी हो सकते है, संभव है की आप आवश्यकता से अधिक स्पष्टवादी और ईमानदार हो, और आपका यही गुण आपके इमीडियेट बॉस को नापसंद हो

ये भी संभव है की महीनों पहले हुई छींटाकसी, तकरार अथवा ईगो क्राइसिस ने काम बिगाड़ दिया हो, जिसका बदला आपका बॉस आपसे कुछ यूँ ले रहा हो

ये भी संभव है की दूसरा व्यक्ति मैनेजमेंट का चहेता, रिश्तेदार यां फिर किसी मंत्री का भाई भतीजा हो, इसके इलावा भी अनेकों कारण हो सकते है जिन्हें अमूमन गुप्त ही रखा जाता है

खैर कारण चाहे कुछ भी हो, आपका परेशान, टेंशन अथवा स्ट्रेस में होना लाजमी है क्योंकि जो सम्मान और पारितोषिक आपको मिलना चाहिए था, और जिसके आप हक़दार भी है आपको नहीं मिला

मैं खुद कहता हूँ, की आपकी एप्रोच में कोई कमी नहीं थी और प्रमोशन आपको ही मिलना चाहिए था

लेकिन अब खुद को कष्ट देने और क्रोध करने से कुछ नहीं होगा, क्योंकि ऐसा करने से आपकी तबियत और मानसिक स्तिथि दोनों बिगड़ सकते है, संभव हो तो इस नुकसान से बचें

तो अब सवाल ये है की ऐसी परिस्थिति में हमें, क्या करना चाहिए?

यकीन मानिये मैं खुद ऐसी परिस्थितियों से गुजर चुका हूं तथा मैंने ढेरों को इससे जूझते हुए देखा है

क्योंकि वार्षिक इन्क्रीमेंट, कम मिले यां ज्यादा जैसे-तैसे मिल ही जाता है परन्तु घुंडी तो वहां आकर फंसती है, जब आपकी ईगो हर्ट होती है

इसीलिए मैं अपनी सभी ट्रेनिंग्स और संवादों में सबको यही समझाता हूँ

की काम दिल से करों, अपना सौ प्रतिशत दो – लेकिन जितना संभव हो अपनी अपेक्षाओं की उपेक्षा करना सीखो फिर चाहे आप प्रोफेशनल फ्रंट पर हो यां अपने रिश्तों में

अर्थात की आपको जो भी काम अथवा जिम्मेदारी दी जाये आप उसका तहेदिल से पालन करें और उसे अंजाम तक पहुंचाएं

ध्यान रहे सकारात्मक एवं आशावान रहने में कोई बुराई नहीं, पर अपनी अपेक्षाओ को **"फॉर ग्रारंटीड"** लेना मूर्खता होगी

गांठ बाँध लीजिये की कोई भी कम्पनी टैलेंट को हायर अर्थात नियुक्त तो कर सकती है परन्तु लम्बे समय तक उसे रोक अथवा बांधकर नहीं रख सकती

समझदार लोग संकट आने का इंतजार नहीं करते, तथा नए और बैटर ऑप्शन की खोज में लगे रहते है और विशेषकर उपेक्षा किये जाने पर चेंज करने में पीछे नहीं हटते

चूँकि वो अपने काम के माहिर होते है, तो मैनेजमेंट को उनसे बात करनी ही पड़ती है, यहाँ मैं बिचोलियों और इमीडियेट बॉस की बात नहीं कर रहा हूँ

मैं बात कर रहा हूँ टॉप मैनेजमेंट की, जिसने मज़बूरीवश आपको बाईपास किया था

याद रहे - कोई भी कंपनी अच्छे एम्प्लोयी को, अनदेखा तो कर सकती है पर उसे निकालने से पहले उसे दस बार सोचना पडता है

तो ऐसे में आप जैसे अनुभवी और कर्मठ व्यक्ति से अपेक्षा की जाती है की आप अपनी बात को इतने प्रभावशाली ढंग से रखें की, मैनेजमेंट आपसे बारगेनिंग तो कर पाए, परन्तु आपको छोड ना सके

मैंने खुद ऐसी परिस्थितिओं से गुजरते हुए दृढ़तापूर्वक अपनी पोस्ट और डिपार्टमेंट को संभाला है, मैं यहाँ आपसे अपनी टर्म्स को डिक्टेट करने की बात नहीं कह रहा हूँ

मैं तो आपको सौ प्रतिशत प्रोफेशनली व्यवहार करने के लिए जागरूक कर रहा हूँ

पिताजी अक्सर कहा करते थे, की सारेयां नूं तुव्हाडा कम प्यारा है, किसी नूं तुव्हाडा चम् प्यारा नहीं है

कहने का भाव की कंपनियां सिर्फ और सिर्फ आपका काम देखती है, उन्हें आपकी गौरी चमड़ी अथवा चमकधमक से कुछ लेना देना नहीं होता

जो कुछ यूँ सिद्ध होता है, की एन्ड ऑफ़ दा डे, सभी को डाटा और आउटपुट ही चाहिए, उस वक्त कोई भी आपकी फालतू बातों और कहानियों को तवज्जो नहीं देता

इसलिए बेहतर होगा की आप जल्द से जल्द, यानि की आज और अभी से अपनी अपेक्षाओं की उपेक्षा करना सीख ले, जितनी जल्दी आप आरम्भ करेंगे उतनी ही जल्दी आप शांत होने लगेंगे

साथ ही ऐसा करने पर अब आपके दिमाग में प्लान ए अथवा प्लान बी हमेशा तैयार रहेगा

ठीक इसी तरह माता-पिता, पति-पत्नी, भाई-बहन, पड़ौसी और सहकर्मियों के बीच इतनी समझ अवश्य होनी चाहिए

की आप एक दूसरे से आशावान तो रहे, पर इतनी उम्मीदें ना पालें की पूरा ना होने पर आपको रिश्तों से हाथ धोना पड़े

बच्चे अगर माता-पिता के साथ रहते है तो बेहतर, वर्ना दूर रहें कोई गम नहीं

क्योंकि कम से कम इससे प्यार तो जिन्दा रहेगा, कम मिलेंगे तो दिल से मिलेंगे, दूर होंगे तो याद आएगी, तो ऐसे में कम से कम मिलने तो आएंगे

क्योंकि जहाँ दिलों में प्रेम ना हो, वहां लोग साथ रहते हुए भी जुदा ही रहते है, जिससे उनमे दिनभर की खिच्च-खिच्च और मारामारी लगी रहती है

हो सके तो कभी आप, अपनों से दूर नौकरी करते, किसी फौजी अथवा प्राइवेट जॉब में कार्यरत व्यक्ति के परिवार वालों से पूछना

की कैसे उन्हें दिन-त्यौहार और एक-दूसरे के जन्मदिन याद रहते है, तथा कैसे वो प्रतिदिन एक-दूसरे से फ़ोन, चिट्ठी-पत्री अथवा ईमेल द्वारा सम्पर्क में रहते है

क्योंकि उन्होंने आशा का एक दीप जलाकर, घर और अपने मन की ड्योडी पर सजा रखा है, वो प्रतिदिन आशावान रहते है, परन्तु कभी अपेक्षा नहीं करते

की दिन अथवा त्योहारों पर उनका बेटा, भाई यां पति उनसे आ मिले क्योंकि वो जानते है

की अगर छुट्टी मिल गयी तो, जैकपोट वर्ना कोई बात नहीं क्योंकि वो तो बस एक ही कामना करते है की उनका बेटा अथवा इस घर का

चिराग, अपने शुभ कर्मों से इस दुनिया और उनके परिवार का नाम रौशन करता रहे

और डटकर ड्यूटी निभाते हुए अवसर मिलने पर उनसे मिलने आता जाता रहे

जबकि कुछ लोग इस सोच के ठीक उल्ट व्यवहार करते है, और हमेशा व्यथित रहते है ऐसे लोगों को अपवाद अर्थात एक्सेपशन्स के नाम से जाना जाता है

इसलिए जैसे ही आप, अपनी अपेक्षाओं की उपेक्षा करना सीखेंगे, आपका जीवन और आपके रिश्ते सरल होने लगेंगे

कुछ बातें जो आपको पता होनी चाहिए, की जो लोग साफ़ मन और सुलझे हुए होते है अमूमन उनके रिश्ते भी सुलझे हुए ही होते है

जैसे-जैसे आपके रिश्तो में आपसी समझ और सामजस्य बढ़ने लगता है, वैसे वैसे आपके रिश्तों में अपेक्षाएं घटने लगती है

जिससे आपको सदैव एक दूसरे की पसंद, नापसंद और इच्छाओं का स्मरण रहता है, आपका मन और शरीर वही करना चाहता है जिससे आपके पार्टनर को प्रसन्नता हो

आशा करता हूँ की आप मेरी बातों और विचारों से सहमत होंगे, क्योंकि दुनिया तो हर पल और हर दिन बदल रही है, बावजूद इसके जीवन के मूल सिद्धान्त आज भी वही है जो पहले थे और आगे भी रहेंगे

ध्यान रखियेगा मैंने आपको मूल सिद्धान्त कहा है, बाकि सुपरफिसिअल चेंजिज तो हमेशा होते ही रहेंगे

जैसे की मेरा लेखन कार्य आज कंप्यूटर और प्रिंटर के माध्यम से हो रहा है और वर्षों पहले यही कार्य हस्तलिखित पांडुलिपि के द्वारा छापेखानों में होता था

तो यहाँ मूलभूत काम लेखन है जो आज भी हो रहा है और वर्षों पहले भी होता था और आगे भी होता रहेगा

जबकि सुपरफिसिअल चेंजिज के नाम पर आज डिजिटल प्रिंटिंग अथवा प्रिंट आन डिमांड का चलन है

सारांश – इस स्टोरी के नायक सुभाष जी ने नवीन बाबू को एक ही बात समझाई, के मेरे भी पांच पुत्र है, मैं सभी को एक समान प्रेम करता हूँ तथा उन्हें प्रेम अथवा उपहार एक समान ही देता हूँ क्योंकि ये मेरा फर्ज है

लेकिन पिछले पचास वर्षों से मैंने और मेरी पत्नी ने एक ही नियम बना रखा है, **की हमने कम खाना है और गम खाना है** अर्थात सुखी और लम्बे जीवन के लिए हमने भोजन जरुरातानुसार ही लेना है

और गम का अर्थ यहाँ टेंशन अथवा स्ट्रेस से नहीं है, गम खाने का अर्थ है, की पुत्र हमें देखने आते है, तो अच्छी बात है, अगर नहीं आते है, तो फिर हम उनसे मिलने चले जाते है

हम उन्हें और उनके बच्चों को पूरा सम्मान और प्रेम देते है, बदले में हमें उनसे कुछ नहीं चाहिए, सरकार हमें पेंशन देती है, तो हम भी इज्जत से रोटी खाते है

और अगर हमे पेंशन नहीं भी मिलती होती, तो भी हम मेहनत मजदूरी करके दो वक्त की रोटी तो खा ही लेते

हमें पकवान और महल मीनारों की कोई अपेक्षा नहीं, घर है तो रह लेंगे नहीं होगा तो कुटिया बना लेंगे, परन्तु अपने बच्चों और समाज से अपेक्षा नहीं रखेंगे की वो आयें और हमारी मदद करें

क्योंकि सुखी जीवन का एक ही मूलमन्त्र है, एक ही कुंज्जी है - **की आप अपनी अपेक्षाओं की उपेक्षा करना सीखें**

समय किसी का इंतज़ार नहीं करता

जी हाँ बिलकुल ठीक सुना आपने, समय किसी का इंतज़ार नहीं करता जब भी मैं वक्त की बात करता हूँ तो मुझे सीरियल महाभारत के उस अंश की याद आती है, जिसमे एक घूमता हुआ चक्र ये घोषण करता है

मैं समय हूँ, जिसकी गति से कोई नहीं बच पाया, वो समय जिसे कोई रोक नहीं पाया सिवाय एक के, और वो है भगवान् श्री कृष्णा, माफ़ कीजियेगा मैं थोडा द्वापरयुग में चला गया था

तो चलिए जानते है समय की लीला और उसकी महत्ता को, अगर मैं अपनी बात करूँ, तो मैं इस कथन से सौ प्रतिशत सहमत हूँ की समय किसी का इंतज़ार नहीं करता

कारण?

मैं खुद इसका भुक्तभोगी रहा हूँ, अर्थात मैंने भी नासमझी और अज्ञानता के चलते जीवन के अनेकों अवसरों को गवां दिया है

ये वो अवसर थे जिन्हें मैं गोल्डन मूमेन्ट्स कहकर पुकारता हूँ, मेरी बदकिस्मती यां फिर नासमझी की वक्त रहते मैंने इनपर ध्यान नहीं दिया

जिससे सीख लेते हुए मैंने आने वाली संभावनाओं और मौकों को कभी अपने हाथ से जाने नहीं दिया, और स्वयं को डिसिप्लिन कर खुद को हालातों के अनुसार ढाला

किताबें पढ़ना, लेख लिखना, सवांद करना, चर्चाओं में शामिल होना और ट्रेनिंग्स देना ये वो कार्य थे जिन्होंने मेरी शख्सियत को निखारा, और वाक्पटुता में चार चाँद लगाये

ऐसी ही अनेकों बातें अब मेरे दैनिक जीवन का हिस्सा बन चुकी थी, अब मैं प्रतिदिन नयी बातें सीखता था, ये वो प्रक्रिया थी जिसने मुझे एक पब्लिश्ड ऑथर बनने में बहुत मदद की

अगर आप भी सच्ची और ज्ञानवर्धक कहानियों के शौकीन है तो मेरी एक अन्य पुस्तक "भटकती दुनिया बिखरते लोग" को अवश्य पढ़ें, यकीन मानिये आपको बहुत मजा आने वाला है

खैर वापिस मुद्दे पर आते है

देखिए मैंने खुद को अनुशाषित कर जीवन के अनेकों दुष्प्रभावों को न्यूनतम कर दिया था, बावजूद इसके जो समय नष्ट हुआ उसका मुझे ताउम्र मलाल रहेगा

एक बात जो मैं हमेशा, अपनी ट्रेनिंग्स और सवांद में सभी से कहता हूँ

की ईश्वर ने एक दिन को चौबीस घंटो में बांटा है, तो जो कुछ भी घटित होगा वो इन्ही चौबीस घंटो में होगा

Because you cannot manufacture the Time, so you are bound to finish your tasks within a stipulated time frame called 24 hours.

मेरी माने तो सभी को टाइम मैनेजमेंट, सेल्फ डिसिप्लिन, मल्टी-टास्किंग एवंम खुद को अपडेट रखने की कला सीखनी चाहिए

जिसकी पुष्टि के लिए आपको मेरे प्रोफेशनल जीवन से जुडी एक सच्ची घटना को पढना होगा

बात उन दिनों की है जब मैं एक मल्टीनेशनल कंपनी में जोनल सेल्स मैनेजर हुआ करता था मेरे बॉस जो की पेशे से एक माने हुए डॉक्टर थे, मेरे यहाँ आ पहुंचे

ये एक रूटीन बिज़नस विजिट था, सब कुछ पूर्व निर्धारित और डॉक्यूमेंटीड था, जैसे की हमें कहाँ-कहाँ जाना है, कितने क्लाइंट्स से

मिलना है, तथा इन मीटिंग्स में प्रति विजिट, कितना समय लगना है आदि इत्यादि

मेरे टाइम मैनेजमेंट और डिसिप्लिन के बॉस पहले दिन से ही कायल थे, शायद मेरी ये खूबी उन्होंने साक्षात्कार में ही भांप ली थी

मैंने बॉस को सुबहा आठ बजे एअरपोर्ट से पिक किया और साढ़े ग्यारहा बजे तक हमने दो मीटिंग्स निपटा ली, सब कुछ अच्छा चल रहा था

इसके इलावा अपनी आगामी स्पेशल मीटिंग में हम एक सुप्रसिद्ध प्लास्टिक सर्जन और बड़े हॉस्पिटल के मालिक से मिलने वाले थे

यूँ तो डॉक्टर्स का एक-एक मिनट कीमती होता है, लेकिन जब बात आये बिज़नस मीटिंग की तो मैं हाई अलर्ट पर रहता हूँ

अब हमारी अगली स्पेशल मीटिंग वही थी जिसका मैंने अभी जिक्र किया, अबतक बॉस साहब को भूख सताने लगी थी

एक मशहूर डॉक्टर होने के बावजूद उनका स्वभाव शांत और मिलनसार था, वो टैलंट और अच्छे एम्प्लाइज को बहुत मान देते थे

सहसा ही बोल पड़े, कुमार साहब आपके राज्य में आया हूँ, आपने तो सुबहा से घुमा घुमाके हमें थका डाला, अब कुछ नाश्ता पानी भी करवाएंगे यां यूँ ही घुमाते रहेंगे

मैंने कहा जनाब हमारे पास पच्चीस मिनट है, और यहाँ से पांच मिनट की दूरी पर एक लाजवाब फ़ूड जॉइंट है

आपका आदेश हो तो वहां चलते है, उन्होंने अपनी घडीं की और देखा और कहा, क्या बात करते है आप कुमार?

अगली मीटिंग तो सवा एक बजे की है? और अभी तो मात्र साढ़े गयारह ही बजे है, आपको नहीं लगता की हमारे पास पौने दो घंटे का समय है?

मैं तो सोच रहा था की आप मुझे साउथ इंडियन आउटलेट पर लेकर जायेंगे?

असल में बात यूँ थी की, लास्ट ईयर मैंने बॉस को उनके दिल्ली आगमन पर साउथ दिल्ली स्तिथ, एक मशहूर कर्नाटका थाली आउटलेट में भोजन करवाया था

जिसका स्वाद और मेहमान-नवाजी बॉस को इतनी पसंद आयी, की वो अक्सर फ़ोन पर उसकी चर्चा किया करते थे

मेरी भी यही इच्छा थी, की मैं उन्हें वहीँ नाश्ता करवाऊं, पर आज दुविधा ये थी की हमारी नेक्स्ट स्पेशल मीटिंग दिल्ली के एक छौर पर थी

तो वह साउथ इंडियन आउटलेट दिल्ली के दूसरे छौर पर

और जहाँ इस वक्त हम खड़े थे, वहां से नेक्स्ट मीटिंग तक पहुँचने में हमें भारी ट्रैफिक और जाम मिलने की सम्भावना अधिक थी, ऐसी स्तिथि में, मैं कोई रिस्क नहीं ले सकता था

वैसे भी इस अपॉइंटमेंट के लिए, मैंने लगातार एक वर्ष तक फॉलोअप किया था, क्योंकि उक्त सर्जन आधा समय दिल्ली तो आधा समय विदेशी दौरों पर रहते थे

मेरे बॉस का फ़ूड प्रेम और लालसा अपने चरम पर थी, अब मैं नहीं जानता की वो मुझे परख रहे थे यां मजाक के मूड में थे

उन्होंने कुछ देर तक कैलकुलेशन की और बोले, देखो कुमार जी मुझे लगता है की अगर हम 60 किलोमीटर की स्पीड से भी रास्ते को कवर करें

और तीस मिनट आउटलेट में भी बिताएं, तो भी हम वक्त से पहले अगली मीटिंग में पहुँच सकते है

उनकी इस सटीक गणना को देख, एक बार तो मैं भी चकरा गया था

खैर बॉस तो बॉस ही होता है चाहे वो सीरियस बात कहें, यां फिर मजाक करे लेकिन मेरे लिए इस स्तिथि में कुछ भी कहना कठिन था

मैंने भी मर्यादा में रह, मुस्कुराते हुए कहा सर आपकी कैलकुलेशन में कोई कमी नहीं है, लेकिन आशा करता हूँ आपने इस मीटिंग और क्लाइंट की रिपोर्ट को अवश्य पढ़ा होगा?

हाँ वो तो है, बॉस ने एकटक मेरी और देखते हुए कहा

तो चले फिर निकटतम फूड जॉइंट पर? अगर आपका आदेश हो तो? मैंने फिर से दोहराया

भूख चरम पर थी तो बॉस ने भी सिर हिला दिया, मैंने कार को गियर में डाला और पांच मिनट बाद हम, रेस्टोरेंट में पहुँच गए

जहाँ से नाश्ता पानी कर हम सवा बारह बजे तक फारिग हो चुके थे, अब हमारे पास लगभग एक घंटा था और रास्ता था तक़रीबन 15 किलोमीटर का

ठीक बारह बीस पर मैंने अपनी कार को गंतव्य की और बढ़ा दिया, भगवान् का शुक्र था की आज ट्रैफिक कम था, जिसके चलते हम जल्दी-जल्दी मंजिल की और बढ़ने लगे

तक़रीबन दस किलोमीटर चले होंगे की महसूस हुआ गाड़ी में कुछ गड़बड़ है, ध्यान दिया तो कार का टायर फुस्स, यानि की पंक्चर हो चुका था

मैंने तुरंत गाड़ी को पार्क किया

कार रुकी तो बॉस मेरा, और मैं बॉस का मुहँ देखने लगे, अनयासा ही बॉस के मुहँ से निकला, कुमार अब क्या होगा?

मैंने कहा रिलैक्स सर, कुछ नहीं होगा धैर्य रखिए हम वक़्त से पहले मीटिंग में पहुँच जायेंगे

क्योंकि मैं सदैव ऐसी परेशानियों से निपटने के लिए तैयार रहता था

मैंने अपना जैकेट निकाल कार की पिछली सीट पर लगे हेंगर में टांगा, टाई को थोडा ढीला किया और सडक पर मैट बिछा, टायर बदलने लगा

आप विश्वास नहीं करेंगे, उस वक्त मैं ट्रांस्पोर्टर मूवी के नायक "जैसन स्तैथम" से अधिक डैशिंग और एक्टिव लग रहा था

जिसे दूर खड़े बॉस तन्मयता से निहार रहे थे, शायद मन ही मन मेरी प्रशंसा कर रहे होंगे? की कुमार यू आर अमेजिंग

आशा करता हूँ की, आपने उक्त मूवी नाम "ट्रांस्पोर्टर" अवश्य देखी होगी, अगर नहीं तो एक बार अवश्य देखना – आपको मेरी स्तिथि का भान हो जायेगा

बीस मिनट से पहले ही मैंने टायर को बदल, सबकुछ सेट कर दिया और कार में पड़ी एक्स्ट्रा पानी की बोतल से हाथों को धोया, खुद और कपड़ों को सवांरा

और अपनी ड्राइविंग सीट की और बढ़ चला, बॉस ने एक जबरदस्त ताली बजाते हुए मेरा उत्साहवर्धन किया और साथ वाली सीट पर आकर बैठ गए

मैंने कार को टॉप गियर में डाला और एक बार फिर से हम, अपनी मंजिल की और बढ़ने लगे

ठीक एक बजकर पांच मिनट पर हम डॉक्टर की रिसेप्शन पर थे, जहाँ सबकुछ सुनियोजित तरीके से सेट था

मीटिंग अपने नियत समय पर शुरू हुई, दोनों डॉक्टर यानि की मेरे बॉस एवंम प्लास्टिक सर्जन साहब के बीच गहरी मंत्रणा हुई

मैं आवश्यकतानुसार मांगे जाने पर सलाह देता रहा, ठीक एक बजकर पैंतालिस मिनट पर मीटिंग समाप्त हो गयी

कारण? डॉक्टर साहब को एक सर्जरी के लिए जाना था

किसी ने ठीक ही कहा है, की बड़े और व्यस्त लोग सिर्फ और सिर्फ जरुरी बातों पर ही ध्यान देते है, और बेफजूल की चर्चाओं में नहीं पड़ते

यही वजह थी की दोनों महानुभावों ने टू दा पॉइंट बात की, और बिज़नस डील को क्लोज किया

क्या आप विश्वास करेंगे, की इस मैजिकल डील से मेरी कंपनी को तक़रीबन तीन करोड़ से ऊपर का बिज़नस मिला

वो अलग बात है की कम्युनिकेशन, क्लीयरेंस और अन्य औपचारिकताओं में थोडा समय लगा, लेकिन हालात कैसे भी हों, अगर आप सही समय पर, सही निर्णय लेने में सक्षम नहीं है, और दुविधा आने पर कंफ्यूज हो जाते है

यां फिर आप आने वाली विपदा के लिए तैयार नहीं रहते, तो आप एक सुनहरे अवसर को खो सकते है

चाहे आप एक धावक हो, फौजी हो, यां फिर एक डॉक्टर अगर आप वक्त की कीमत को नहीं जानते, आप घडी और पल के फर्क को नहीं मनाते, तो फिर लक्ष्यों को पाना तो दूर, आप उनके करीब तक नहीं पहुँच पाएंगे

इन्सान को देरी हो सकती है परन्तु वक्त, किसी का इंतजार नहीं करता

सारांश बॉस ने उसी शाम मुझे सपरिवार होटल रेडिसन में रात्रिभोज पर आमंत्रित किया और वहां मुझसे पूछा, की इतने सख्त टाइम-टेबल के बावजूद मैंने टायर बदलने का वक्त कहाँ से निकाला?

और कैसे मैं हमेशा, मीटिंग और अन्य कामों में टाइम पर पहुँच जाता हूँ, और वो भी तेज गाड़ी चलाए बिना

जिसपर मेरा एक ही जवाब था बॉस, एक दिन में 24 घंटे होते है और हर काम और क्रिया का समय नियत होता है

हमें पहले क्या करना है और क्या नहीं? ये हमें खुद मालूम होना चाहिए क्योंकि ये सब हमें खुद डिफाइन करना होता है, इसके लिए हम समय, काल और वातावरण को दोषी नहीं ठहरा सकते

मेरा एक सख्त नियम है की जब भी मुझे कार अथवा गाड़ी से किसी विशेष आयोजन अथवा मीटिंग में जाना होता है

तो मैं अमूमन 25 मिनट स्पेयर करके चलता हूँ

मानकर चलो की सबकुछ ठीक चल रहा है, जैसे की ट्रैफिक, मौसम आदि इत्यादि तो भी अगर आपकी कार का एक टायर पंक्चर हो जाये तो आप क्या करेंगे?

क्योंकि चाहे उस टायर को ड्राईवर बदलें यां आप उसमे न्यूनतम समय तो लगेगा ही, जो हमेशा आपके टाइम टेबल में स्पेयर होना चाहिए

उदाहरण के लिए अगर आप लेट है तो फिर कोई भी राजधानी अथवा शताब्दी ट्रेन यहाँ तक की एयरोप्लेन भी आपका इंतजार नहीं करेगा, ये सभी साधन आपको पीछे छोड़कर आगे बढ़ जायेंगे

ठीक इसी तरह अगर आप समय के पाबंद नहीं है तो कोई भी कंपनी और व्यक्ति आपको वैल्यू नहीं देगा और आपकी जगह किसी और को नियुक्त कर आगे बढ़ जायेगा

इसलिए यही परम सत्य है की समय किसी का इंतजार नहीं करता

सूरज अपने समय पर उदय और अस्त होता है, *सोने वाले सोते रह जाते है और जागने वाले अपने भाग्य को जगा लेते है*

अनहोनी, एक्सीडेंट, जाम, धरना, प्रदर्शन, हड़ताल यां फिर दंगा फ़साद, इनमे से अगर कुछ भी होता है, तो केवल आप ही नहीं बल्कि अन्य भी आपके साथ यहां वहां फंसे होंगे

ये वो हालात है जिन्हें आप चाहकर भी कंट्रोल नहीं कर सकते, तो ऐसे में आपको मीटिंग कैंसिल करने में संकोच नहीं होगा

ठीक इसके विपरीत, अगर सारी दुनिया टाइम पर चल रही है और आप ही किन्ही कारणों से लेट है तो आपको भारी नुकसान उठाना पड़ सकता है

यकीन मानिये मैं आज भी इन्ही कड़े नियमों का पालन करता हूँ और हर चीज को प्लान करके चलता हूँ

बावजूद इसके अगर कभी, दो-चार मिनट देरी हो भी जाये तो सामने वाला बुरा नहीं मानता और सहयोग करता है

मेरी एक अन्य ट्रैनिंग में किसी व्यक्ति ने मुझसे पूछा, की कुमार साहब आपने बीस से पच्चीस मिनट स्पेयर रखे, जो एक टायर बदलने के लिए काफी थे

मान लीजिये अगर दो टायर पंक्चर हो जाये, यां फिर आपकी कार ब्रेक डाउन हो जाये तो आप क्या करेंगे?

जिसपर मेरा एक ही जवाब था, मैं तुरंत एक फौजी की तरह सोचना शुरू कर दूंगा

ऐसी स्तिथि में, मैं पच्चीस मिनट के भीतर ओला, उबर, ऑटो रिक्शा यां फिर प्राइवेट टैक्सी के इंतजाम पर ध्यान दूंगा

और कार को रिपेयर करने यां टायरों को बदलने की होड़ में नहीं लगूंगा, इसे आप प्लान ए, प्लान बी यां फिर प्लान सी कहकर भी सम्बोधित कर सकते है

ऐसी परिस्थितियों में हमारा मिशन खुद को श्रेष्ठ साबित करना नहीं, वरन उस मंजिल को पाना होता है जिसके लिए हम घर से निकले थे

क्योंकि मंजिल मिलते ही हमारा टास्क कम्पलीट हो जाता है तथा हमें खुद को साबित करने की आवश्यकता नहीं पड़ती

फार्मूला सिंपल है सबसे पहले खुदको अनुशाषित करिए, समय की कद्र करिए, एक से अधिक प्लान बनाकर चलिए

आपका जूनियर हो, सीनियर हो यां फिर टॉप मैनेजमेंट, अपनी जायज बातों और सही विचारों को मजबूती से उनके सामने पेश करिए ऐसा करना आपकी जिम्मेदारी है

इसलिए आज और अभी से अपने हर एक्शन की जिम्मेदारी लेना सीखिए, वादा है मेरा आपको कामयाब होने से कोई नहीं रोक सकता

अंतत एक बात याद रखिये की **समय किसी का इंतज़ार नहीं करता**

नेकी कर और जूते खा

अक्सर आपने बस और ट्रकों के पीछे लिखा देखा होगा **"नेकी कर और जूते खा"**, इस तरह की बातें तब चर्चा में आती है, जब कोई व्यक्ति अपना दुखड़ा रोता है

और वो बस एक ही बात कहता है, की भलाई का तो ज़माना ही नहीं रहा, एक भलाई क्या करी, हमने नया दुश्मन पाल लिया

बात सही जान पड़ती है, क्योंकि दुनिया ने तो बस एक ढर्रा पकड़ रखा है, ढर्रा एहसान फरामोशी का, ढर्रा नाशुक्रे होने का और ढर्रा शिष्टाचार भूल स्वार्थी हो जाने का

जिसके अनुसार, **जब अपना काम हो सरता तो भाड़ में जाये जनता**

यानि की बस अपना काम निकालो, अपना फायदा देखो और उन लोगों को भूल जाओ जिनके बूते तुम यहाँ तक पहुचे हो

उस दिन ख़बरों में बताया की जापान में बच्चों को इतना सुशिक्षित किया जाता है, की बस पूछो मत, सड़क पार करते वक्त और अजनबियों से मदद मिलने पर वो सार्वजनिक रूप से सिर झुकाकर उनका अभिवादन करते है

तभी मैं सोचने लगा की, जापान तो भारत से पुराना नहीं दिखता, पूरा विश्व भारत की सभ्यता, संस्कृति और शिष्टाचार से अछूता नहीं है

बस हम ही उसे भूले बैठे है

एक दिन किसी ने मुझसे पूछ ही लिया, कुमार साहब आपको क्या लगता है, दुनिया किस और जा रही है और आज इन्सान एक दूसरे की मदद क्यों नहीं करता

मैंने कहा उन चन्द लोगों की वजह से, जो सिर्फ अपना हित देखते है वो चित्र के एक अंश को देखते है और पूरी पिक्चर उनसे छूट जाती है

यहाँ अंश का मतलब है उनका स्वार्थ और पूरी पिक्चर वो सन्देश है जो उनकी धूर्तता से फैलता है, यूँ तो इस विषय पर हर व्यक्ति की अपनी एक निजी राय है कुछ इसे दुनियादारी मानते हैं, तो कुछ इसे लेकर चिन्तित भी है

और हों भी क्यूँ ना, मैं खुद सोचने पर मजबूर हो जाता हूँ की.................

क्या अब हम सिर्फ इसलिए लोगों की सहायता करना छोड देंगे, की बदले में हमें जूता मिलने की सम्भावना बढने लगी है और ये मैं नहीं बल्कि पूरी दुनिया कहती है की - नेकी कर और जूते खा

क्योंकि हमें तो बस आगे निकलना है दुनिया जाये भाड़ में, कोई मरता है तो मरे हमें किसी से कोई लेना देना नहीं, हम तो बस वही काम करेंगे जिसमे हमारा फायदा हो

आशा करता हूँ की आप मेरी बातों और विचारों को फ़ैलाने में मेरी सहायता अवश्य करेंगे

मेरी माने तो, आज भी इस दुनिया में अच्छे और नेक लोगों की कोई कमी नहीं है

लोगों को तो छोड़िये, इस प्रकृति को ही ले लीजिये ये इतनी पावन और निस्वार्थ है की हमारे मिटटी से बने शरीर को, मिटटी होने के बाद भी, खुद में समेट कर

हमें उर्वरकता, उपजाऊपन और हरियाली देती है, इंसानों को तो छोड़िये इन पशु-पक्षियों को ही ले लीजिये, जो अपने जीवन के हर पग पर हमारे इकोसिस्टम को सपोर्ट करते है

और ये सच्चाई आज किसी से भी छुपी नहीं है

कहते है की, **"लड़की जैसा देखे बाप घर, वैसा करे आप घर"** यानि की हम जो भी अपनी बच्चियों को सिखाते है, वही वो समाज और अपने घरों में जाकर करती है

तो अच्छी बात ये है की, आज भी संस्कारों और सुविचारों के द्वारा हम समाज में परिवर्तन ला सकते है, जिसके लिए हमें जमीनी स्तर पर काम करना होगा

क्योंकि सिर्फ कोरी बातें करने, और ज्ञान बांटने से कुछ नहीं होगा हमे प्रत्येक व्यक्ति के दिल को छूना होगा, उसे समझाना होगा की आधुनिकता की अंधी दौड़ में भागने से कुछ नहीं होगा

हमें बैक टू बेसिक्स वाला फार्मूला अपनाना होगा, क्योंकि वृक्ष का विस्तार अथवा सृजन इस बात पर ही निर्भर करता है की आपने उसकी जड़ों को किससे सींचा है

कहने का भाव की, ये सभी जानकारियां बच्चों, युवाओं और समाज के हर उस आयु वर्ग तक पहुंचनी चाहिए जो इस समाज का हिस्सा है

क्योंकि समाज की रचना हमसे होती है, हम समाज द्वारा नहीं रचे जाते, इसलिए जो भी इस विषय से अनजान हो, उसे जागरूक करें

उसे प्रतिदिन एक अच्छा काम करने को कहें, जो कुछ भी हो सकता है, और जिसे करने के लिए उसे टाटा, बिरला अथवा अम्बानी होने की जरुरत नहीं है

आपके पास जो भी वस्तु, ज्ञान अथवा पूँजी हो, सुविधानुसार उसे जरुरत मंदों को अर्पण करें

आप चाहे तो राह में पड़ा एक पत्थर हटाकर भी इसकी शुरुआत कर सकते है

कौन जाने उस पत्थर से, किस घटना अथवा दुर्घटना का जन्म हो, इसलिए नेकी करने हेतु आपको किसी विशेष घटना एवं अवसर की प्रतीक्षा नहीं करनी चाहिए

इसमें कोई दो राय नहीं की हमारा जीवन हमारे कर्मों का ही रूप है, जो हम करते है वही हम पाते है

हमारी एक-एक दुआ और किसी के द्वारा दी गयी हरेक बद्दुआ, इस सम्पूर्ण ब्रह्मांड का चक्कर लगा हमतक वापिस लौटती है, यही कर्मों का खेला है

अर्थात की ईश्वर कहीं ना कहीं और किसी ना किसी रूप में हमारे कर्मों को लिखता अथवा जोड़ता रहता है और वक्त आने पर सूद समेत हमें लौटा देता है

यानि की अगर, अच्छा किया तो अच्छा, और बुरा किया तो बुरा ही होगा

आप कर्मों के फल से बच नहीं सकते, फिर चाहे आप जो मर्जी करते फिरों, कुछ होने वाला नहीं है

अब असली ट्विस्ट, यानि की पेच इसी बात में छुपा है, क्योंकि अगर आपने कुछ अच्छा किया, तो बजाये आपको शुक्रिया अदा करने के, सामने वाला आप ही को दोष देने लगता है

जिसपर हम मान बैठते है, की भलाई करने का तो ज़माना ही नहीं रहा, तथा हमें दूसरों के पचड़ों में नहीं पड़ना चाहिए

आप गरजकर सबको यही बताते है, की मैंने तो उसका भला किया था और बदले में मुझे मिली बदनामी, तिरस्कार अथवा धौखा

मेरी नजर से देखें तो ये एक सामान्य दृष्टिकोण है जो दर्शता है की पिक्चर तो अभी बाकि है मेरे दोस्त

ध्यान दीजियेगा

पहली बात - हमें अपने कर्मों को हमेशा निस्वार्थ भाव से ही करना चाहिए

दूसरी बात – नेकी करने के बावजूद अगर सामने वाला, हमें शुक्रिया कहने की बजाये कसूरवार और दोषी ठहराता है

तो ये वास्तव में हमारा नहीं, बल्कि उसका कर्म है, जिसे ईश्वर अपने हिसाब से उसके खाते में जोड़ देता है

अत: उसके इस व्यवहार के लिए, ईश्वर स्वंय उससे निपटेंगे

अब यहाँ एक सोच और विकसित होती है, **जिसे मैं प्रोत्साहन देता हूँ** और वो ये है की, मदद के बावजूद अगर सामने वाला अहसान फरामोशी करता है, और आपमें ही कमी निकालता है

तो ये संकेत है आपके लिए, की अभी आपको ढेरों नेक काम और करने है, और तबतक करते रहने है जबतक की ईश्वर की नजर में आपके कर्मों का अकाउंट सैटल ना हो जाये

क्योंकि हमने एक अच्छा कर्म अथवा नेकी इसलिए नहीं की थी की हमें कोई पारितोषिक मिले अथवा हमारी वाहवाही हो

इसलिए सदैव याद रखिये की आपका नेक काम कहीं ना कहीं दर्ज हो चुका है जिसके अनुरूप आपको निकट भविष्य में फल अवश्य मिलेगा

और जो भी नाशुक्रा व्यवहार, सामने वाले ने आपके साथ किया है, वह उसका कर्म है इसलिए आप ये धारणा कभी ना पालें की, नेकी कर और जूते खा

देखिये यहाँ मैं आपसे अपने, दो निजी अनुभवों को शेयर करूँगा – जिन्हें मैं वर्षों से लगातार प्रयोग में ला रहा हूँ

पहला – की मैंने आजतक किसी भी पथिक, अनजान व्यक्ति अथवा यात्री को गलत रास्ता नहीं बताया है, अर्थात की अगर कोई मुझसे स्कूल, मंदिर, हॉस्पिटल यां फलानी दुकान अथवा घर का पता पूछता है

तो मैं उसे दो मिनट रोक-कर कुछ यूँ समझता हूँ की वो तुरंत एकदम सटीक ठिकाने पर पहुँच जाता है

और ये बात मुझे उसी व्यक्ति से पता चलती है, जब वह थैंक्यू कहने के लिए वापसी में मुझसे आकर मिलता है, और बताता है की कैसे, सही मार्गदर्शन के चलते वह अपनी मंजिल तक पहुँच पाया

जबकि मैंने तो उसे सिर्फ एक रास्ता ही बताया था, हाँ इतना जरुर है की मैंने यह काम तल्लीनता और निष्कामता से किया था

यहां मैं ये भी जोड़ना चाहूंगा की दस में से मात्र चार लोग ही इतने समझदार और परिपक्व होते है जो वापसी में मुझे धन्यवाद करने आते हैं, कुछ एक तो ऐसे भी होते हैं जो चुपचाप सामने से गुजर जाते हैं

दूसरा – जब भी मैं किसी दो पहिया यां चार पहिया वाहन का टायर पंक्चर, अथवा गाड़ी को ब्रेक डाउन देखता हूँ, तो भले ही मैं रूककर मदद ना कर पाऊं, यां मैं ऐसी स्तिथि में ना हूँ

तो भी मैं ईश्वर से, एक प्रार्थना अवश्य करता हूँ, जो कुछ यूँ है

हे ईश्वर – अगर ये नेकदिल व्यक्ति किसी अच्छे और नेक काम के लिए जा रहा है, और इसके जाने से सबका भला होता हो, तो कृपया इसकी मदद करें

बस इतना बोल मैं, अपनी मंजिल की और बढ़ जाता हूँ, क्योंकि किसी के लिए अच्छे की कामना करना भी एक नेक काम है

रब जाने कब कौन कहाँ आपके सामने आकर खड़ा हो जाये, अब इन दोनों घट्नाओ का निचोड़ और इनसे प्राप्त प्रसाद ये है की

चूँकि मैं भी एक इन्सान हूँ तो मुझे भी दर्जनों बार अनजान, राज्यों, जगहों और विभिन्न कार्यालयों में जाना पडता है, अनेकों स्थानों पर तो मैं भी पहली बार ही जाता हूँ

तो ये सभी स्थान और मीटिंग पॉइंट्स मेरे लिए नए ही होते है, जिनके बारे में मेरा ज्ञान शून्य बराबर होता है

मेरे पूरे जीवन काल में, आजतक मेरे द्वारा पूछे जाने पर किसी ने भी, मुझे गलत मार्ग अथवा रास्ता नहीं बताया है

वर्ना मानकर चलिए, पहली बात तो लोग आपको सुनते ही नहीं, क्योंकि अक्सर वो अपने मोबाइल अथवा कार्यों में व्यस्त रहते है

और कुछ एक तो ऐसे भी है, जो मंजील सामने होने पर भी आपको चार चक्कर लगवा देंगे

ध्यान रहे मेरी ये प्रैक्टिस पिछले तीस वर्षों से है, गूगल और गूगल मैप तो आज विकसित हुआ है, वर्ना आपमें से कुछ लोग यही सोचेंगे, की पूछना क्यूँ? गूगल पर चेक कर लिया होता

इसके इलावा – आजतक मेरी गाड़ी का, एक आधी बार को छोड़कर कभी भी ब्रेक डाउन अथवा टायर पंक्चर नहीं हुआ है

और होने पर अक्सर दुकान मुझे सामने ही मिल जाती है अथवा कोई ना कोई रब का बन्दा मदद को आ ही जाता है

और सच मानिये मुझे अधिक मशक्क्त नहीं करनी पड़ती और ठीक पच्चीस-तीस मिनट बाद मैं दुबारा अपने सफ़र पर निकल पडता हूँ

आशा करता हूँ, की आप मेरे भावों को समझ गए होंगे, की नेकी कर और जूते खा एक अधूरा सच है

आज भी दुनिया में हजारों लाखों और करोड़ों लोग सदमार्ग और धर्म पर चलते हुए नेक कार्य कर रहे है

क्योंकि नेकी का सीधा संबंध इंसानियत से है, और इंसानियत का सीधा संबंध इन्सान यानि आप और हम से है

कहने वाले ने भी क्या खूब कहा है - की हम इन्सान हवा में उड़ना और पानी में तैरना तो सीख गए परन्तु हम इस धरती पर चलना भूल गए, हमें समाज में कैसा आचरण करना है इस मुख्य बात को भूल गए

तो अंत में एक बार फिर से कहूँगा, की **"नेकी कर और दरिया में डाल"** ना की *"नेकी कर और जूते खा"*

प्यार जीवन में सिर्फ एक बार होता है

नैतिकता के चश्मे से देखूं तो मुझे ये पंक्ति सही जान पड़ती है, की प्यार जीवन में सिर्फ एक बार होता है

यां फिर सच्चा प्यार जीवन में एक ही बार होता है, थोडा प्रैक्टिकल होकर सोचूं तो मुझे ये बातें अन्याय और गलत जान पड़ती है

अन्याय इसलिए, की अब लैला-मजनूं और हीर-राँझा वाला टाइम तो रहा नहीं, वो टाइम अलग था उस ज़माने में लाखों बंदिशें और दुश्वारियाँ हुआ करती थी

उस समय ओला, उबर और मेट्रो नहीं थी की जब दिल आया फ़ोन घुमाया और पहुँच गए मिलने

परन्तु आज दुनिया जालिमों से भरी पड़ी है, आज का युग व्यवहारिकता के चरम बिंदु को छूने वाला है

आज की पीढी प्रैक्टिकल एप्रोच में विश्वाश रखती है, आज जीवन और प्यार के मायने बदल चुके है

बावजूद इसके दुनिया एक वर्जिन लाइफ पार्टनर की कामना रखती है, और भूल जाती है, की कैसे खुद उन्होंने बीसियों जगह कूदा-फांदी की होगी

संभव है ये बातें आपको थोड़ी अटपटी और हास्यप्रद लगे, लेकिन आज का कडवा सच यही है

अब एक मीठा सच भी है, की हाथ की पांचो अंगुलियाँ बराबर नहीं होती, यानि सबकी सोच एक जैसी नहीं होती, दुनिया में लाखों ऐसे भी है जो किसी गैर की और आंख उठाकर नहीं देखते, उन्हें तो सिर्फ अपने सच्चे और सज्जन साथी की तलाश रहती है

मेरी नजर में प्यार सिर्फ और सिर्फ दिल और सुखद एहसास का मामला है, इसपर शारीरिक सुख की मोहर लगाना थोडा अनुचित होगा

हाँ इतना जरुर है की सलीके से पनपा प्यार, अंतत विवाह की डौर में बंधकर दो आत्माओं के परम मिलन और सुख की अनुभूति से ही परिपूर्ण होता है

यानि प्रेमियों का शारीरिक मिलन तो होता है, उसके बिना तो ये पूर्ण ही नहीं होगा, लेकिन उस सुख को पाने की भी एक प्रक्रिया है जो अंतत विवाह पर जाकर रूकती है

लेकिन अगर किसी वश आपको, वांछित प्यार अथवा जीवन साथी नहीं मिल पाता, यां मिलकर भी संबंध विच्छेद हो जाता है

तो आपको पूर्ण अधिकार है की आप अपने नव जीवन की शुरुआत अवश्य करें

ध्यान रहे मैं आपको यहाँ, जीवनसाथी अथवा रिश्तों को, कपड़ों की तरह बदलने के लिए नहीं कह रहा हूँ

की जरा सी खटपट हुई नहीं, की आप निकल पड़े झोला उठाकर एक नए साथी की तालाश में, *ध्यान रहे की आपको ऐसा हरगिज नहीं करना है*

भाव ये है, की अगर कोई कपडा आपको तंग कर रहा है, आपकी त्वचा को नुकसान पहुंचा रहा है तो सर्वप्रथम आप कपडे और अपनी त्वचा दोनों का उपचार करें

तथा स्वयं और उस कपडे की कमीयों को दूर करने का यथासंभव प्रयास करें, सम्पूर्ण कोशिशों के बाद ही, उस कपडे अथवा रिश्ते का परित्याग करें और आगे बढ़ने की सोचें

क्योंकि गलतियों की गुंजाईश सदैव बनी रहती है, जितना एडजस्ट हो सकता है उतना करें अथवा नहीं तो रहने दें और जीवन में आगे बढ़ जाएँ

मैंने संस्कृत की एक कहानी पढ़ी थी "ईश्वर यत करोति शोभनम करोति" अर्थात भगवान जो भी करते है, भले के लिए ही करते है

आपको मानव का चोला एक बार मिला है, अगले जन्म का कुछ पता नहीं? तो फिर हक़ से सच्चे प्यार को तबतक तलाशते रहे, जबतक की वो आपको मिल नहीं जाता

और ये बात भूल जाएँ की प्रेम जीवन में सिर्फ एक बार होता है

अधिकांश पिटे हुए आशिकों और धोखा खाये प्रेमियों को यही लगता है की उन्हें भविष्य में, पूर्व प्रेमी अथवा प्रेमिका जैसा कोई नहीं मिल सकता

उन्हें तो बस यही लगता है की वही सर्वोतम था, जो उनके हाथ से छूट गया

जबकि सच तो ये है की उन्हें उससे भी अधिक श्रेष्ठ और परिपक्व प्रेमी मिलने की सम्भावना अधिक होती है

क्योंकि अब उनके पास एक तजुर्बा होता है, जो पहले नहीं हुआ करता था,

पहले चाहे उनके साथ प्यार में धौखा हुआ हो, यां जीवन साथी छूट गया हो, यां फिर कोई अन्य कारण हो, उन्हें कोई स्ट्रेस अथवा टेंशन लेने की आवश्यकता नहीं है, क्योंकि जो बीत गया वो एक सपना था

परन्तु आज उनके पास, एक सीख है, एक अनुभव है और एक ऐसा जख्म है जो बताता है की अब उन्हें क्या करना है और क्या नहीं

जिसके चलते अब वो सामने वाले को प्रेम की कसौटी पर कसकर देख सकते है, उसे परख सकते है, और उससे मनमुताबिक खुलकर सवाल जवाब भी कर सकते है

ध्यान रहे हम एक सामाजिक प्राणी है हमें समाज में रहना है

और समाज अकेले रहने से नहीं बनता वो बनता है ढेरों अच्छे लोगों और परिवारों के संजोग से, और आदर्श परिवारों की नीवं पड़ती है, आदर्श जोड़ों के मिलन और उनके प्रणयसूत्र में बंधने से

इसलिए धैर्यवान बने और यथासंभव बेहतर जीवन साथी की खोज में लगे रहें

साथ ही आज के युग में भ्रम ना पालें – **की प्यार जीवन में सिर्फ एक बार होता है**

ईमानदार व्यक्ति अक्सर अकेला होता है

ईमानदार व्यक्ति, अक्सर अकेला होता है, आप इस विषय में क्या सोचते है? ये आपका निजी मामला है परन्तु मैं ये दावे से कह सकता हूँ की ईमानदार व्यक्तियों का जीवन अक्सर अकेले ही कटता है

अब ईमानदार व्यक्ति अक्सर अकेला क्यों होता है ये जानने के लिए आपको इन तथ्यों को पढना और समझना होगा

जैसे की सच और झूठ, अच्छाई और बुराई तथा सुविचार एवं कुविचार वास्तव में ये एक ही सिक्के के, दो पहलू है

इन्हें आप दो नजरिये, दो विचार अथवा दो धाराएँ भी कह सकते है, लोग अक्सर इन्हें अपनी रूचि, ज्ञान और सुविधानुसार चुनते है

अर्थात की व्यक्ति इन दो पक्षों में से किसी एक पक्ष को अवश्य चुनता है, उदाहरण के तौर पर अगर आपने सच्चाई, अच्छाई अथवा सुविचारों का चयन किया है तो आप ईमानदारी के पक्षधर है

आज के बाद आपको इसी खेमे का सैनिक अथवा हितैशी समझा जायेगा, इसके इलावा कुछ लोग न्यूट्रल रहना भी पसंद करते है, वो मानते है की वो किसी भी पक्ष को सपोर्ट नहीं करते

अब वो न्यूट्रल क्यों रहना चाहते है, ये उनसे बेहतर कोई नहीं जान सकता, मैं तो सिर्फ इतना जानता हूँ की, उनकी राय जुदा होती है, जो अमूमन निर्णायक सिद्ध नहीं होती

आज ढेरों लोग अपने-अपने स्तर पर अपने देश, राज्य, नगर, कंपनी अथवा घर के लिए कुछ अच्छा करना चाहते है, हो सकता है वो आप हो, मैं हूँ, यां फिर कोई और हो

सच कहता हूँ मुझे रत्तीभर भी फर्क नहीं पडता की सकारात्मकता और अच्छाई किस माध्यम से आती है, मैं तो बस एक ही बात जानता

हूँ, की कुछ अच्छा होना चाहिए, परिवर्तन होना चाहिए, लोगों के जीवन में खुशियाँ आनी चाहिए

यहाँ तक सबकुछ अच्छा-अच्छा लगता है, असली कहानी तब शुरू होती है जब श्रेष्ठतम विचारों, नेक इरादों और भरपूर आश्वाशन के बाद भी कुछ लोग आपके प्रस्ताव से सहमत नहीं होते

मुसीबत ये है, की हम चाहकर भी उन्हें अपनी और नहीं मिला सकते, क्योंकि समाज के मुट्ठीभर लोग अपने पुराने और घिसेपिटे सिद्धान्तों को छोड़ना ही नहीं चाहते

लड़ाई इस बात की नहीं है, की किसके विचार श्रेष्ठ है, सच तो ये है की लोग अपने निजी हितों को छोड़ना ही नहीं चाहते, फिर चाहे उन्हें अच्छे लोगों का विरोध ही क्यूँ ना करना पड़े

मेरी नजर में ये एक धूर्तता है, जो व्यक्ति और समाज की तरक्की को बाधित करती है

आशा करता हूँ की आप मेरी बातों को समझ रहे होंगे, मानते है की लोकतंत्र है, जहाँ सभी को अपनी-अपनी बात रखने का हक़ है, और होना भी चाहिए, इसमें कोई बुराई नहीं

लेकिन समस्या उन लोगों की है जो बिना तथ्यों और इतिहास को जाने आत्ममंथन करने लगते है और जिद्द को पकड़ मुख्य बातों से भटक जाते है

आपने विचार रखा नहीं, की सामने वाला छूटते ही आपको, अपना प्रतिद्वंद्वी और दुश्मन मानने लगता है

जिसका मुख्य कारण ये है, की आप एक सकारात्मक बदलाव की पैरवी कर रहे है, जो उन्हें फूटी आंख नहीं सुहाता

क्या खूब कहा है किसी ने, की शक्कर वाले को शक्कर तो टक्कर वाले को टक्कर मिलती है

उदहारण से समझिये, जो व्यक्ति ईश्वर और अच्छाई में आस्था रखता होगा, वो यही चाहेगा की उसे कुछ ऐसे लोग मिलें, जो उसके साथ बैठकर धर्म और समाज कल्याण की चर्चा करें

ठीक दूसरी और मदिरापान, निन्दा और षड्यंत्रकारी सोच रखने वाला व्यक्ति, यही कामना करेगा की वो दिनभर ऐसे लोगों से मिले, जिससे उसके स्वार्थों की पूर्ति हो

वो ऐसे व्यक्तियों को ढून्ढ निकालेगा जिनके साथ बैठकर वो मदिरापान करते हुए दूसरों की निन्दा, फूहड़पन, व्यभिचार और अनैतिक कार्य कर सके

यही वजह है की जब भी कोई व्यक्ति समाज और दुनिया की बेहतरी के लिए कुछ अच्छा करना चाहता है, तो विरोधी उमड़ पड़ते है

ये वही लोग है, जिन्हें अपने जीवन में बदलाव, तरक्की, सादगी, प्रभु भक्ति, प्रेम, अनुशाषण और भाई चारे से कोई लेना देना नहीं है, इनकी भाव भंगिमाएं दर्शायेंगी की ये आपके बारे में क्या सोचते है

और दस में से आठ ये मानते होंगे, की आप समाज का भलावला करने नहीं बल्कि एक नेता बनने आये है

वो आपको यही सन्देश देंगे की ये दिल्ली और मुंबई वाली सोच हमारे यहाँ नहीं चलेगी, हमें नहीं सीखनी अच्छी बातें, और ना ही हमने आपको सुनना है, इसलिए अपना ज्ञान और कल्चर अपने पास ही रखें, और यहाँ से चलते बने

अब बात कंपनी की हो यां फिर मोहल्लेदारी की, विरोधियों की इस भीड़ में आपको एक रिंग लीडर अवश्य मिलेगा

ये वही व्यक्ति होगा जो आपसे पूर्व, इस भीड़ का नतृत्व करता होगा, चूंकि अब आप आ गए है तो उसके पेट में दर्द होना लाजमी है, उसे ज्ञात है की आज से पहले, वो लोगों को बरगला रहा था, उन्हें मूर्ख बना रहा था

जो अब आपकी कोशिशों के बाद बंद होता दिखाई पडता है, और भी अनेकों कारण है जिसके चलते दुनिया ईमानदार लोगों को पसंद नहीं करती

संभव है मेरी तरह आपको भी मजमा लगाकर, बेसिरपैर की बातें करने का शौंक ना हो

यां फिर मेरी तरह आप भी बेफ़जूल के हंसी-ठहाकों का हिस्सा ना बनते हो, यां फिर आप ऐसे लोंगो के साथ धूम्रपान प्लस हा-हां, ही-ही ना करते हो

तो मुबारक हो आपको भी मेरी तरह परग्रही यानि की एलियन वाला तमगा मिलने ही वाला है

सवाल ये है, की ऐसे लोगों से कैसे निपटा जाएँ? मेरी माने तो

ऐसे में आपको सिर्फ और सिर्फ उन्ही लोगों पर ध्यान केन्द्रित करना है जो आपके विचारों की सराहना करते हो

अथवा जिन्हें आपकी कद्र हो, साथ ही वह सकारात्मक परिवर्तन के पक्षधर भी हो, मैं अपने निजी अनुभवों और सूचनाओं को आधार मान डंके की चोट पर कहता हूँ

की वक्त आने पर जीवन में सुगंध, स्वाद और सुन्दरता की चर्चा अवश्य होती है, आज नहीं तो कल, कल नहीं तो परसों, परसों नहीं तो एक महीने बाद, विरोधियों को आपकी अच्छी बातों और आदतों का अनुसरण करना ही पडता है

क्योंकि ईमानदार व्यक्तियों के मित्र भले ही कम हो, पर उन्हें और उनकी नीतियों को चाहने वालों की कोई कमी नहीं होती

ये वो गुम सेना है जो लुक-छुपकर और मन ही मन ईमानदारों को पसंद करती है और वक्त आने पर, उन्हें अपना सहयोग, तथा समर्थन देती है

वास्तव में यही लोग सच्चाई और सज्जनता की असली ताकत होते है, आप चाहे तो मेरी इस बात को एक लघु कहानी के माध्यम से भी समझ सकते है

दीपक ने नौकरी ज्वाइन तो कर ली, परन्तु अब वो परेशान था, कहाँ उसका मल्टीनेशनल कंपनी का तजुर्बा और कहाँ ये कचरा कंपनी

वो नहीं जानता था की वो किस मलबे में हाथ डाल रहा है, अगर उसकी पहली कंपनी ने उसे धौखा ना दिया होता, और उसके पूर्व बॉस ने विश्वासघात ना किया होता तो उसकी लाइफ सैटल थी

इसके इलावा दीपक की कुछ निजी समस्याएँ भी थी, जिसके चलते वो निठल्ला नहीं बैठ सकता था, तो मरता क्या ना करता वो यहाँ आ गया

यहाँ वो एक जिम्मेदार पद पर था - जनरल मेनेजर एडमिन एंड ऑपरेशनस

कंपनी के तीस से अधिक कर्मचारियों की जिम्मेदारी उसपर थी, वक्त बीता तो मालूम हुआ की यहाँ मामला गड़बड़ है

कंपनी का अधिकांश स्टाफ काम करने की बजाये यहाँ इश्क फरमाने आता था, उसपर विपदा ये थी की कंपनी का फाइनेंसियल पार्टनर चरित्रहीन और बदमिजाज था

भले ही वो यहाँ कम आता था, परन्तु उसके जासूस यहाँ-वहां फैले हुए थे, ये वही लोग थे जो उसकी शय पर खुदको कम्पनी का भाई और सर्वसरवा समझते थे

दीपक जिंदगी के इन पैंतरों से वाकिफ़ ना था कहाँ उसकी मल्टीनेशनल कंपनी और कहाँ ये छोटा सा सेटअप, खैर मरता क्या ना करता काम तो करना ही था

यहाँ उसे एक ही व्यक्ति से उम्मीद थी और वो था इस कंपनी का असली मालिक, उसका चेहरा देखकर ही दीपक ने यह कंपनी ज्वाइन की थी

इंटरव्यू में यही चर्चा हुई थी, की अगर उसका मालिक चाहे तो वो दीपक के अनुभव और विचारों से लाभ उठाकर कंपनी को शिखर तक पंहुचा सकता है

लेकिन यहाँ का तो खाना ही ख़राब था, अर्थात कंपनी का मालिक नेक दिल होने के बावजूद अपने फाइनेंसियल पार्टनर के आगे कुछ नहीं बोलता था

कहानी साफ़ थी की उसी के पैसों से यहाँ की रोजी-रोटी चलती थी, साथ ही उसकी वो रंगीन-मिजाजी, छिछोरापण और गुंडागर्दी - जिसके लपेटे में हर कोई था

क्या चपरासी, तो क्या सफाई वाली, क्या रिसेप्शनिस्ट, तो क्या टेली-कॉलर्स, यहाँ तक की सेल्स स्टाफ और ऑफिस मैनेजर भी इस गंदगी से अछूते नहीं थे, अपनी सैलरी पक्की करने और डाटा को मैनूप्लेट करने में सब माहिर थे

अपने कैबिन्स में चिपक-चिपक कर खड़े होना, लड़कियों को छुए बिना बात ना करना, लड़कियां भी ऐसी जो विरोध की जगह सहयोग को आतुर

कारण, चाहे कुछ हो जाये, सेल्स टारगेट पूरे होने चाहिए

कंपनी की ग्राहकों से क्या कमिटमेंट हुई है इससे किसी का कोई लेना-देना नहीं, आपको जानकर हैरानी होगी

यहाँ की लड़कियां क्लाइंट्स के साथ फ़ोन पर रात के दो-दो बजे तक बतियाती रहती थी, भाई हम कोई बी-पी-औ यां फिर अमेरिकन प्रोसेस नहीं चलाते, जहाँ पर दिनरात काम होता हो

अब वो क्या बतियाती होंगी, मैं लिखना नहीं चाहता, आप खुद समझदार है, हाँ इतना जरुर है की ऐसा कर उन्हें अपने सेल्स टारगेट पूरा करने में लाभ मिलता था

पैसा कमाने के लिए वो किसी भी हद तक जाने को तैयार रहती थी, और इन कामों में लड़के भी पीछे नहीं थे, चाहे उन्हें क्लाइंट के साथ मीटिंग के लिए होटल अथवा फार्म हाउस में क्यूँ ना जाना पड़े

माना की कंपनी का व्यवसाय एडवरटाइजिंग और मार्केटिंग का था, जहाँ बिज़नस का होना जरुरी है, ये भी मानते है की बिना सेल्स के, कोई कंपनी एग्ज़िस्ट नहीं कर सकती

पर काम करने का ये तरीका, ना बाबा ना, ये सब दीपक की सोच और सिस्टम के खिलाफ था

यहाँ सभी एक-दूसरे से मिले हुए थे, सिर्फ कंपनी के मालिक को छोड़कर, चूँकि उसे तो कंपनी चलानी थी, और उसके यहाँ पैसा फाइनेंसियल पार्टनर और इन कुकर्मों से ही आता था

कोई दो राय नहीं की उसने देखकर भी आँखें मूँद रखी थी, कारण चाहे कुछ भी हो दीपक ठान चूका था, की अगर यहाँ काम करना है तो उसे यहाँ के सिस्टम और कार्यशैली को बदलना होगा

यही सोचकर उसने कंपनी के मालिक से एक गुप्त मीटिंग फिक्स की, और उसे सबकुछ स्पष्ट बता दिया, उसके हावभाव दर्शाते थे, की वह सब कुछ पहले से ही जानता है

उसने सिर्फ एक ही बात पूछी – ये सब कैसे ठीक हो सकता है?

उसका मानना था की यहाँ का स्टाफ काफी पुराना है जिसे कंपनी की कमजोरियों और खूबियों का पता है, साथ ही एक बिज़नस पार्टनर भी है जिसे हैंडल करना थोडा कठिन होगा

क्योंकि उस पार्टनर के निजी और आर्थिक स्वार्थ, यहाँ के स्टाफ विशेषकर लड़कियों से जुड़े है तो आप समझ ही सकते है की समस्या गंभीर है

दीपक ने कहा सबकुछ ठीक हो सकता है, बशर्त की आप चाहें तो?

तथा इसे करने में वक्त और आपका पूर्ण सहयोग लगेगा, अगर आप पूर्ण आश्वाशन और मेरे प्लान को फॉलो करने की गारन्टी दे तो सबकुछ ठीक हो सकता है

दीपक के जोश और एप्रोच को देखकर मालिक ने उसपर विश्वास किया और सहयोग की गारन्टी दी, इसके इलावा उसने दीपक को बिना डरे खुलकर काम करने की अथॉरिटी भी प्रदान की

अगले दिन बॉस ने दीपक को उसका नया पोर्टफोलियो और अथॉरिटी लैटर जारी कर दिया, जिसके बाद दीपक ने न्यू वर्क कल्चर और इंस्ट्रक्शनस से भरा नोटिस, कंपनी के नोटिस बोर्ड पर चिपका दिया

कुछ ही घंटो में स्टाफ की प्रतिक्रियाएं आनी आरम्भ हो गयी, कंपनी में अमित और अजय नाम के दो रिंग लीडर थे जो सीनियर कर्मचारी होने के साथ-साथ उस रंग मिजाज बिसनेस पार्टनर के करीबी भी थे, उन्होंने बिना विलम्ब किये सारी खबर उसतक पंहुचा दी

जिसके बाद उन्होंने दीपक के खिलाफ मोर्चा खोलते हुए स्टाफ को भड़काना शुरू कर दिया

क्योंकि आज से कंपनी में काम करने के तौर-तरीके बदल चुके थे, और अब मैनेजमेंट स्टाफ के आने जाने से लेकर उनके चाय और लंच टाइम तक पर नजर रखने लगा था

किसी को भी बेफ़जूल यहाँ-वहां और एक-दूसरे के वर्क स्टेशन पर टाइम बर्बाद करने की आजादी नहीं थी

स्टाफ और डिपार्टमेंट का कम्युनिकेशन अब ईमेल द्वारा होना था, साथ ही अब किसी को भी क्लाइंट्स और ऑफिसियल डाटा को निजी लैपटॉप अथवा फाइल्स में रखने की अनुमति नहीं थी

जल्द ही दीपक ने कुछ नए डिपार्टमेंट्स की रचना और उनके रेस्पेक्टिव हेड्स की नियुक्ति भी कर दी

ये नए लोग इंडस्ट्री के ज्ञाता और अपने काम में माहिर थे, अब पुराने कर्मचारियों को इन्ही के साथ मिलकर काम करना था

अब कंपनी में एक हायराकी Hierarchy थी, जिससे यहाँ का माहौल सुधरने लगा था अब सभी डिपार्टमेंट्स हेड दीपक को और दीपक सीधा कम्पनी के मालिक को रिपोर्ट करता था

पद और पोजीशन कोई भी हो सभी के लिए इंस्ट्रक्शनस साफ़ थी, की सुबहा नौ बजे से लेकर शाम के साढ़े पांच बजे तक स्टाफ को निर्देशानुसार काम करना होगा

इससे पहले और बाद का समय आपकी पर्सनल लाइफ है, आप ऑफिस के बाहर अथवा घर पर क्या करते है कंपनी का इससे कोई लेना देना नहीं है

नियम सख्त थे, कमजोर प्यादों पर जोर पड़ने लगा, जो लोग पहले लल्लो-चप्पो और घर बैठे कहानियां बनाकर मौज किया करते थे

उनकी आउटपुट डाउन होने लगी, क्योंकि अब लीड्स और सेल्स पर कंपनी का सीधा नियंत्रण था

सबसे ज्यादा छटपटाहट तो उन लड़कियों में थी जो नयनों के तीर चला, चिकनी चुपड़ी बातें कर पार्टनर और क्लाइंट्स को खुश किया करती थी

उनकी इन हरकतों से मार्किट का एक तब्का तो खुश हो जाता था, परन्तु एफ्फुलेंट और दमदार क्लाइंट्स कंपनी के हाथ से छूट जाते थे

कारण? अब सिस्टम से चलना और प्रोसेस को फॉलो करना इन लड़कियों के बस में नहीं था, खोजबीन की तो पता चला की हालात जितने दिखते है उससे कहीं ज्यादा ख़राब है

क्योंकि चन्द रुपयों के चलते ये लड़कियां और अन्य स्टाफ, यहाँ से मिली लीड्स को बाहर मार्किट में बेच रहे थे, ये वही लीड्स थी जिन्हें हैंडल करना इनके बस में ना था

और जिसका लाभ, प्रतिद्वंदी कंपनिया जमकर उठा रही थी, दीपक की नयी नीतियों ने इन्हें झंझोड़कर रख दिया था

जिसकी प्रतिक्रिया, तो होनी ही थी, तो अब सबने मिलकर दीपक को गिराने का प्लान बनाया, सबसे पहले आधा दर्जन लड़कियों ने, इस्तीफ़ा दे मैनेजमेंट को दबाने की कोशिश की

जिसपर मैनेजमेंट ने उनका इस्तीफा स्वीकार कर, नए स्टाफ की भर्ती शुरू कर दी

इसके बाद, अजय और अमित ने मिलकर, बिज़नस पार्टनर की सहायता से मालिक पर दबाव बनाया, की वो दीपक और उसकी टीम को ससपेंड कर कंपनी को पहले की तरह चलने दे

जिसपर दीपक ने कड़ी मेहनत कर, अपने आत्म विश्वाश के बलपर कंपनी को एक बहु-राष्ट्रीय संस्था से अनुबंधित, कॉन्ट्रैक्ट करवा डाला

कॉन्ट्रैक्ट करोड़ों का था फलस्वरूप उन्हें मोटा एडवांस प्राप्त हुआ, पैसों के आने से लिक्विडिटी की समस्या समाप्त हो गयी, अब तो मालिक की बल्ले-बल्ले थी, इसके इलावा अब अगले तीन वर्षों तक कंपनी फाइनेंसियली इंडिपेंडेंट और सिक्योर हो चुकी थी

जालसाज और धूर्त लोगों के भरोसे चलने वाली कंपनी अब भारी मुनाफा कमाने की स्तिथि में आने वाली थी जिससे उसकी और यहाँ काम करने वाले लोगों की काया पलट होना तय था

आज मालिक की खुशी का ठिकाना ना था

उसने बिना देर किये कंपनी के फाइनेंसियल पार्टनर को गुड बाय कहा, और पार्टनरशिप डील को ख़ारिज कर दिया

साथ ही उसने बचे हुए नकारा कर्मचारियों को निकाल उनके स्थान पर दीपक जैसे प्रतिभाशाली और गुणवान लोगों की नियुक्ति का आदेश दिया

सभी ने दीपक को बधाई और शुभकामनायें दी, जिसपर दीपक ने खुलासा किया की आज की यह जीत, कुछ साथियों के बिना अधूरी थी

ये वो लोग है जो आपके बीच वर्षों से काम कर रहे थे, लेकिन यहाँ के गंदे और षड्यंत्रकारी माहौल के चलते

कुछ कह नहीं पाते थे, घुट-घुटकर जीना और काम करना उनकी मजबूरी थी, उनपर परिवारों का बोझ था, और साथ ही उन्हें डर था, की कम शिक्षा और अनुभव के चलते उन्हें अन्य कम्पनियों में नौकरी नहीं मिलेगी, यही एक वजह थी, की वो यहाँ फंसे हुए थे

और जैसा की मैंने भी आरम्भ में कहा था, की नेकदिल और ईमानदार लोगों की बातों और नीतियों का लोग सदैव विरोध करते है, जो की एक स्वाभाविक प्रक्रिया है

और ऐसे ईमानदार लोगों के मित्र भी कम ही होते है, परन्तु उन्हें, गुस रूप से चाहने और प्रोत्साहन देने वाले लोगों की कोई कमी नहीं होती

जो वक्त आने पर सिर्फ और सिर्फ उनका ही साथ देते है, कुछ ऐसा ही यहाँ भी हुआ था

यहाँ स्टाफ में तीन-चार लड़कियां और कुछ लड़के ऐसे थे, जिन्होंने यहाँ रहते हुए कोई गलत काम नहीं किया था

दीपक के आने के बाद, इन लोगों में उम्मीद जगी थी, की शायद अब कुछ अच्छा होगा, जिससे वह आगे खुलकर, इज्जतपूर्वक काम कर पाएंगे

इन लड़कियों में से अधिकतर तलाकशुदा थी, जिनका अपने शराबी और मवाली पतियों से नाता टूट चुका था, जिसकी वजह से उन्हें भी गन्दी और गलत नज़रों से देखा जाता था

जबकि सच तो ये था, की इन लड़कियों ने कंपनी की कमियों और खूबियों के बीच, खुद को बचाते हुए समय काटा था और खुद को इस कीचड़ से दूर ही रखा था

उनकी भी यही इच्छा थी, की कोई आये और इस कंपनी की काया पलट करें, ताकि सबका पेट पलता रहे और एक नए बदलाव की शुरुआत हो

हिम्मत कर एकदिन इन्होने दीपक से मुलाकात की और आपबीती सुनाई, दीपक ने इन्हें ध्यानपूर्वक सुना और इनके दर्द को महसूस किया, उसने पाया की कुछ गन्दी मछलियों की वजह से पूरा तालाब गन्दा हो रहा था

अब समस्या ये थी, की गन्दी मछलियों को निकाल तो दें? परन्तु नए स्टाफ को काम सिखाना और उनकी ट्रेनिंग्स आदि का इंतजाम करना सरल ना था

क्योंकि इसे करने में लम्बा समय लगने वाला था, जो कंपनी की सेहत के लिए ठीक नहीं होता

तो ऐसे में भगवान् और किस्मत दोनों ने दीपक का भरपूर साथ दिया, और कुछ ऐसे समीकरण बने, की गन्दी मछलियाँ खुद-बाखुद निकलती गयी और नए स्टाफ को इन्ही लड़कियों ने ट्रेंड कर डाला

इसके इलावा अनेकों लोगों ने दीपक को सही और गुप्त जानकारियां भी दी, जिससे कंपनी को लाभ मिला

साथ ही ये भी सिद्ध हुआ की एक ईमानदार व्यक्ति टीमवर्क और अनुशाषण के दम पर कुछ भी अर्जित कर सकता है, और चाहे तो एक डूबती हुई कम्पनी को शिखर तक पहुंचा सकता है

तो अब आप भी समझ ही गए होंगे की, चाहे कंपनी हो, परिवार हो, यां फिर समाज एक ईमानदार और अलग राय रखने वाला व्यक्ति अक्सर अकेला ही होता है

ध्यान रहे, वह अकेला इसीलिए होता है, क्योंकि उसमे कुछ अलग और महत्वपूर्ण करने की चाह होती है, और जैसे-जैसे ये दुनिया उसकी बातों और विचारों पर मनन करती है उसके चाहने और साथ देने वालों की संख्या बढने लगती है

आपने सुना भी होगा की, **मैं अकेला ही चला था जानिब-ए-मंज़िल मगर, लोग साथ आते गए और कारवाँ बनता गया**

हुनर वाले डिस्को और पढाई वाले खिसको

हुनर वाले डिस्को और पढाई वाले खिसको, उक्त शीर्षक पढ़ने और सुनने में जितना रोचक और हास्यास्पद लगता है, उतना ही ये आज के युवाओं और उनके कैरियर से जुड़ी गंभीरता को दर्शाता है

आज का युवा डिग्री, शिक्षा, ज्ञान, अनुभव, नौकरी, व्यवसाय और स्किल डेवलपमेंट अर्थात हाथों के हुनर जैसे विषयों से जूझ रहा है

वो समझ ही नहीं पा रहा, की उसके लिए क्या सही साबित होगा है और क्या गलत?

तो चलिए फिर यात्रा आरम्भ करते है, की **हुनर वाले डिस्को और पढाई वाले खिसको**

बगल वाले गुप्ता जी बता रहे थे, की अब मकान बनाना मुश्किल हो चला है मैंने भी उत्सुकतावश पूछ लिया, वो कैसे?

तो बोले, माल-समान से ज्यादा तो आज मिस्त्रियों और मजदूरों की दिहाड़ी पड़ने लगी है, अब खुद ही देख लो, साढ़े पांच बजे नहीं, की इनकी दिहाड़ी ख़त्म

मजाल है की आप इन्हें रोक पायें, आज रोजाना सात-आठ सौ रुपए मिस्त्री और चार-पांच सौ रुपए मजदूर को देने ही पड़ते है

कुछ्छों के तो नखरे, तौबा-तौबा हमें मिले ना मिले पर इन्हें दो टाइम चाय देनी ही पड़ती है, जरा से लेट हुए नहीं की ये काम में टालमटोल करने लगते है

तीस मिनट का तो लंच है इनका, उसके बाद बीड़ी-सिगरेट, और भी जाने क्या-क्या, अब और क्या कहूँ बस इतना समझ लो

की हाथ का काम जानने वालों की तो आज चाँदी है चांदी

फिर चाहे वो काम दर्जी का हो, वैल्डर का, तरखान, बढ़ई का, बिजली का यां फिर प्लम्बर का आप इनके सामने बेबस और लाचार है

ध्यान रहे अभी तो यह कार्य अपने देश में उतने सिस्टमेटिक तरीकों से नहीं होता, जितना की विदेशों में

वर्ना माँ कसम, एक कील ठोकने के ढेरों डॉलर देने पड़ते, बावजूद इसके लोग इन्हें करने से कतराते है, शर्म जो आती है इन्हें करने में

वो क्या कहते है डीगनिटी ऑफ लेबर, सब उसी का मसला है, अधिकांश युवा इन कामों को छोटा और कमतर मानते है, लेकिन गौर करें तो, कई मायनों में ये हुनरमंद, दुनिया के लाखों कामगारों से बेहतर है

चर्चा चल ही रही थी की तभी दूर से गुप्ता जी का बेटा आता दिखाई दिया, पैंट-शर्ट, टाई और उसपर चमचमाते काले जूते

क्या हुआ अंशुल, कैसा रहा तेरा इंटरव्यू? गुप्ता जी ने कुर्सी से उठते हुए पूछा, अंशुल का भावहीन चेहरा बता रहा था, की परिणाम क्या रहा होगा

अरे क्या हुआ तुझे? कुछ बोल तो सही, गुप्ताजी ने तेज स्वर में पूछा, शायद मुझे बैठा देख वो सकुचाने लगा था

मैंने उठकर उसका हाथ पकड़ा, और कुर्सी खींचकर उसे अपने पास बिठा लिया

मैं तो समझ ही चूका था, की माजरा क्या है? तो मैंने बात बदलते हुआ पूछा, और अंशुल क्या लगता है इसबार देश में किसकी सरकार बनेगी

मुझे नहीं पता अंकल? की किसकी बनेगी, उसने झुँझलाते हुए कहा

हाँ पर इतना जरुर है, की अब जनता में राष्ट्रवाद और देशप्रेम की भावना जागने लगी है आज का युवा सही समय पर सही विकल्प चुनने की हिम्मत करने लगा है

और वैसे भी आजकल तो स्टार्टअप का ज़माना है, पहले ज़माने में लोग छोटी मोटी परचून, आटा चक्की, सिलाई कढाई, सैलून और अन्य दुकाने खोल जिन्दगी काट लेते थे

और उनमे से भी जिनकी दुकाने चल पड़ी वो सेठ, और जिनकी नहीं चली वो दिहाड़ी-मजदूरी पर जिन्दा रहते थे

हाँ भले ही पहले, सरकारी नौकरियों में पगार कम हुआ करती थी, पर भाई बंदी और मेहनत के दम पर उन्हें पाना आसान था, जो लोग पुराने समय का राग अलापते है

वो ये नहीं देखते की तब से लेकर अबतक, जनसँख्या में कितनी वृद्धि हुई है, क्या गाँव और क्या शहर, आज धरती फटने को है

क्या बात है अंशुल, तुम्हे तो इस विषय की अच्छी जानकारी है, मैंने उसका उत्साह बढ़ाते हुए कहा, अब तक शायद वो थोडा सहज हो चुका था

तब तक गुप्ताजी फिर से बोल पड़े, हाँ वो सब तो ठीक है मुझे भी पता है की मेरा बेटा गुणी और ज्ञान का धनी है पर बेटा ये तो बता की, इंटरव्यू में हुआ क्या?

होना क्या था पिताजी? नौकरी तो दे रहे थे पर सैलरी ना के बराबर थी, अब आप ही सोचो अगर कम तनख्वाह से शुरू करूँगा तो भविष्य में तरक्की भी उसी हिसाब से होगी, यही सोच मैंने ऑफर ठुकरा दिया

बस यही एक समस्या है तुम नौजवानों में, गुप्ताजी बिफर पड़े, भाई एक बार शुरआत तो करते, एक जगह टांग तो फंसती

क्यों कुमार साहब कुछ गलत कहा मैंने? देखा तो गुप्ताजी मुझे घूर रहे थे, अब मेरी स्तिथि, दो पाटन के बीच फंसे गेहूं जैसी थी

अगर अंशुल को ठीक कहूँ तो गुप्ताजी पीछे पड़ जायेंगे, और अगर गुप्ताजी का साथ देता हूँ तो अंशुल भटक जायेगा, तो ऐसे में मैंने थोड़ा डिप्लोमेटिक होना उचित समझा

वो क्या है गुप्ताजी आप तो अनुभव और समझ के धनी है, आपने जो भी कहा उसे नकारना नादानी होगी इसलिए मैं आपकी बातों का विरोध नहीं करूँगा

परन्तु जब मैं अंशुल की दूरदर्शिता और ज्ञान को देखता हूँ, तो लगता है की अंशुल, अंशुल ना होकर आपका युवा रूप है, जो इक्कीसवीं सदी में जन्मा हो

मतलब? गुप्ता जी के चेहरे पर गर्व तथा भ्रम साफ दिखाई पडता था

अरे कहना क्या चाहते हो? मैं कुछ समझा नहीं गुप्ताजी ने अपना सिर खुजाते हुए पूछा

गुप्ताजी का तो पता नहीं, पर शायद अंशुल को कुछ-कुछ समझ आने लगा था

मैंने कहा गुप्ताजी अंशुल खुद की नहीं बल्कि आपकी बातों को बल दे रहा है

मेरी बातों को बल दे रहा है, वो भला कैसे? अब तक गुप्ताजी चौंकड़ी मार कुर्सी में समा चुके थे

वो इस तरह से, की आज का मौका छोड़कर उसने, खुद को एक और मौका दिया है

मौका खुद को समझने का, मौका ये जानने का, की उसे जीवन में किस और जाना है?

देखिये गुप्ताजी, आपकी माने तो आज हुनरबाजों का बोलबाला है, आपके अनुसार आज अनपढ़ और कम पढ़ें लिखे लोग, डिग्री धारकों से अधिक कमा रहे है

हाँ मैंने कहा था, इसमें गलत भी क्या है गुप्ताजी ने स्वीकृति दी

गुप्ताजी आज का कडवा सच ये है की संतान अपने जमे-जमाये पैतृक कामों को तरजीह ना देते हुए, वो करना चाहती है जिसमे उनका दिल राजी हो

यां फिर वो उस काम को करना चाहती है जिसमे उन्हें मजा आता हो

ये भी सच है की एक नए काम को चलाने यां फिर अपनी पसंदीदा नौकरी को करने और उसमे कामयाब होकर शीर्ष तक पहुँचने में एक लम्बा वक्त लगता है

और इस बात की भी कोई गारन्टी नहीं, की आज का युवा अपने विचारों पर अडिग रहते हुए मोर्चे पर डटा रहेगा, क्योंकि आजकल युवाओं के विचार बदलने में देर नहीं लगती

आगे मैं कुछ बोलता, इससे पहले ही अंशुल बोल पड़ा

अंकल आपके कहने का अर्थ ये है की, आज का युवा सही फैंसले लेने में अक्षम है

नहीं अंशुल ऐसा नहीं है, मेरे कहने का ये अर्थ कदापि नहीं है

सच्चाई ये है की, आपके पिताजी ने जिस मार्ग और सोच पर चलकर अपने जीवन का निर्माण किया, वह उन्हें सरल और अधिक उपयुक्त लगता है, लेकिन जैसा की सभी जानते है की आज समय तेजी से बदल रहा है

जो टेप रिकॉर्डर और ऑडियो कैसेट्स की दुकाने वर्षों पहले ग्राहकों से पटी रहती थी, जहाँ से कमाकर लोगों ने अपनी कोठियां खड़ी कर ली, आज वही काम और दुकाने इस संसार से विलुप्त हो चुकी है

कहने का भाव ये है की, देखने में यह विषय जितना सरल लगता है उतना है नहीं, क्योंकि इस विषय की हजारों सूक्ष्म जड़ें और शाखाएं, गहरे नीचे गडी हुई है

कम शब्दों में कहूँ तो, अगर आपके हाथों में हुनर और पढाई वाली मैजिक स्टिक दोनों है, तो आपको कामयाब होने से कोई नहीं रोक सकता

क्योंकि वास्तव में हुनर और पढाई एक दूसरे के पूरक है, ना की दुशमन

किस्मत और मेहनत के दम पर, जो लोग प्राइवेट अथवा सरकारी नौकरी प्राप्त कर, यां फिर व्यापार आदि से अपने महल-मीनारे बना लेते है, उन्हें भी एन्ड ऑफ दा डे

बीसियों छोटे-मोटे कामों और सेवाओं के लिए हुनरमंद व्यक्तियों, भले ही वो कम पढ़ें लिखे यां अनपढ़ हो के भरोसे रहना पडता है

एक अन्य उदाहरण से आप, हुनर और पढाई वाली मैजिक स्टिक के जादू और दूरदर्शिता को बखूबी समझ सकते है

जी हाँ मैं बात कर रहा हूँ एक माइंड ब्लोइंग और इनोवेटिव स्टार्टअप कम बिज़नस की, जिसे आप **अर्बन क्लैप** के नाम से भी जानते है, इसे मैं ज्वलंत उदाहरण कहूँ तो गलत ना होगा

की कैसे *आई आई टी कानपुर बैच* के *अभिराज सिंह* ने हुनरमंद लोगों और समाज को अपने प्लेटफार्म अर्बन क्लैप द्वारा जोड़कर एक मिसाल पेश की

इसी तर्ज पर आज भारत में हाउस जॉय, ऐ टू जेड, टास्क रैबिट, ज़िम्म्बर और फॅमिली हैंडीमैन आदि अन्य स्टार्टअप की शुरआत हो चुकी है

जिसे जनता का सहयोग और प्रोत्साहन दोनों मिल रहे है, कहाँ जिन कामो को छोटा और कमतर समझा जाता था, आज वही सेवाएं आपके मोबाइल द्वारा बुक अथवा कैंसिल की जा सकती है

ये वो सिस्टम है जिसमे हुनरमंदो को माकूल मेहनताना, और सेवा लेने वालों को मानसिक शांति मिलती है

ये तो एक उदाहरण है, जो दर्शाता है की कैसे शिक्षा आपके अथवा अन्य लोगों के हुनर को उच्चतम शिखर तक ले जा सकती है, अथवा हुनर कैसे आपकी शिक्षा को सार्थक करने में सहयोग देता है

इसलिए कभी भी भ्रमित नहीं होना, की प्राप्त शिक्षा एवं डिग्री आपके विकास और कामयाबी में बाधक है, *ध्यान रहे - शिक्षा सदैव आपको विनम्र और शालीन बनाती है*

और इसे भी याद रखना, की सिखा हुआ हुनर अथवा स्किल आपको कभी भी भूखे सोने नहीं देता, हर काम और यात्रा की शुरुआत हमेशा पहले कदम से ही होती है

इसलिए कभी भी डर लगे, भ्रम हो यां फिर आपको, आपका शौंक अथवा पैशन पुकारे तो आप उस काम से रिलेटेड कोई कोर्स अथवा ट्रेनिंग अवश्य ले, आपको कामयाबी जरुर मिलेगी

मैंने गौर किया की गुप्ताजी और उनका बेटा अंशुल, मेरी बातों को कुछ यूँ सुन रहे थे मानो वो मेरा लेक्चर अटेंड कर रहे हो, और जैसे ही मैंने बोलना बंद किया

गुप्ताजी कह उठे, बिल्कुल ठीक कहा आपने कुमार साहब मैं आपके विचारों से सौ प्रतिशत सहमत हूँ और मानता हूँ की शिक्षा और हुनर का संजोग कुछ भी करने और पाने में सक्षम है

ठीक किया बेटा अंशुल, की तुमने नापसंद सैलरी और काम को ठुकरा दिया, मैं तुम्हे आजादी देता हूँ की जबतक तुम्हे वांछित कंपनी अथवा पोस्ट ना मिले तुम इंटरव्यू देते रहना

और अगर तुम्हे व्यापार में रूचि हो तो, बेहिचक मुझसे कहना मैं यथा संभव मदद और मार्गदर्शन अवश्य करूँगा

ये हुई ना बात गुप्ताजी, मैंने थम्सअप कर उन्हें प्रोत्साहित किया जिसपर वो मुस्कुरा दिए

मैं नहीं जानता की अंशुल के दिमाग में क्या चल रहा था, हाँ पर इतना जरुर जानता था, की अंशुल एक समझदार और परिपक्क युवा है, उसने गुप्ताजी की और देखा और कहा

वो क्या हैं ना पिताजी, मैंने अंकल कुमार भारद्वाज **ओथर चाय वाला की फ्रैंचाइज़ी** लेने का मन बनाया है, चूँकि मेरा रुझान फ़ूड बिज़नस की और है तो अगर आप आज्ञा दें

तो मैं इनका "फ्रेंचाइजी फॉर्म" भर दूँ, ताकि अंकल से फ्रेंचाइजी खरीद मैं अपने कैरियर की सुखद शुरआत कर सकूँ

नेकी और पूछ-पूछ, तो फिर सोचना कैसा, गुप्ताजी ने अंशुल को आदेश देते हुए कहा, जाओ अन्दर से अपना लैपटॉप लेकर आओ और वेबसाइट खोलकर पूरा फॉर्म भरो

मैं तो खुद चाहता हूँ, की तुम अपनी एम् बी ऐ डिग्री और सेल्स एवं मार्केटिंग के हुनर को ऑथर चाय वाला फ्रेंचाइजी के माध्यम से प्रयोग में लाओ

गुप्ताजी का जोश तो देखते ही बनता था, उन्होंने फॉर्म भर अप्लाई किया जिसे ऑथर चाय वाला टीम ने अप्पूव कर, प्रोसेस शुरू कर दिया, पेमेंट, एग्रीमेंट तथा अन्य औपचारिकताओं के बाद डील फाइनल हुई

कुछ महीनो बाद फ्रेंचाइजी की ओपनिंग थी, जहाँ अब अंशुल नौकरी मांगने वाला नहीं, वरन अन्य लोगों को नौकरी देने वाला था

आज यही परिवर्तन, समाज को बदल सकता है, आवश्यकता है तो, मिलकर चलने की, एक दूसरे पर भरोसा करने की और कुछ अलग करने की

जैसा की गुप्ताजी और उनके पुत्र अंशुल ने किया, तो अगर आप यां फिर आपका कोई जानने वाला फूड बिज़नस ज्वाइन करने की सोच रहा है

तो मैं ऑथर चाय वाला आपका स्वागत करता हूँ, अभी भी हमारे फ्रेंचाइजी आप्शन आपके लिए खुले है, इच्छुक पाठक मेरी वेबसाइट ऑथर चाय वाला डॉट कॉम पर जाने की कृपा करें, तथा अपने एक सुखद और प्रॉफिटएब्ल कैरियर की शुरुआत करें|

मरना सच है और जीना झूठ

अब ये क्या बात हुई? की मरना सच है और जीना झूठ, अरे भाई जब शरीर में प्राणवायु का संचार अवरूध्द हो जाये तो उसे **मृत्यु**

और जब यही प्राणवायु निर्बोध रूपसे, शरीर में बहने लगे तो उसे **जीवन** कहते है

लागत है अब कौनो कनफूजन नाही? ठीक्बा - की ससुरी कौनो और समस्या रहिन, रुको जरा, थोडा सब्र करो

जान हो यां अनजान, अपना हों यां पराया, फिर चाहे वो कोई भी हो, आप बस एक बार उस व्यक्ति से पूछ कर देखना की, क्या हाल है भाई साहब और कैसी चल रही है जिन्दगी की गाड़ी?

उत्तर मिलेगा - ठीक है, जी रहे है आपकी नगरी में, चल रही है साँसे, दाल-रोटी का जुगाड़ हो जाता है?

कुछ कहेंगे, काट रहे है टाइम आपके राज में, और यूँ ही इन बातों का सिलसिला चलता रहेगा

मेरी माने तो, इन बातों में जीवन कम और निराशा अधिक दिखाई पड़ती है, क्योंकि **जिन्दगी तो जिंदादिल का नाम है, मुर्दादिल क्या खाक जिया करते है**

कहने का भाव, एक भ्रमित और व्यथित व्यक्ति हमेशा जीवन का पूर्ण आनंद लिए बिना अंत की और बढ़ने लगता है

अब चाहे वो पूर्ण रूप से दुखी हो यां आंशिक रूप से, उसमे उत्साह, जोश, और उमंग ढूँढने से भी नहीं मिलता

आप उन्हें जितना अधिक समझायेंगे वह खुदबाखुद और उलझते जायेंगे, जिसकी मुख्य वजह है निराशा और उच्च मानसिक दबाव, जिससे वह पीड़ित रहते है

आजकल शो-ऑफ का ज़माना है, ये मैं नहीं सारी दुनिया कहती है, इन्सान चाहे वो किसी भी धर्म, जाति, संप्रदाय और सोशल स्टेटस का हो, इससे बच नहीं पाता

जैसा हम खुद को दर्शाते है, वैसे हम होते नही, अधिकतम लोगों की मानसिक, आर्थिक और पारिवारिक स्तिथियाँ, उनके दिखावे से ठीक उल्ट होती है, ये वो पक्ष है जो सामने वाले को कभी दिखाई नहीं पडता

सौ में से निन्यानवे लोग असुरक्षा, अतृप्ति और हीनभावना के शिकार हो चुके है तथा जितना उन्हें प्राप्त है, उसमे वह प्रसन्न दिखाई नहीं पड़ते

जबकि सच्चाई ये है की, वह लोग अपने भाग्य और कर्मों केअनुसार एक श्रेष्ठ जीवन जी रहे है

अकेले भारत में आज बीस करोड़ से ज्यादा लोग, प्रतिदिन खाली पेट सोने को मजबूर है और लगभग इतने ही बेघर और लाचार

जब भी हम एक-दूसरे को देखते है, तो हमें एक-दूसरे के बाहरी स्वरुप का पता चलता है, हमारे दिल और दिमाग में क्या चल रहा है, ये जान पाना कठिन होता है

आपका तो पता नहीं परन्तु मेरी नजर में असली जीवन वही है जिसे पूर्णता से जिया जाये

उदाहरण के लिए, अगर आपके पास धन-सम्पदा मौजूद है, तो फिर उसे भोगने के लिए आपके पास, एक स्वस्थ सुन्दर शरीर और भरपूर समय का होना अतिआवश्यक है

और अगर ऐसा नहीं है, तो इसे पूर्ण यां सुखी जीवन कहना बैमानी होगा

ठीक इसी तरह, अगर आप ढेरों फैक्ट्रियों, बिज़नेस हाउस, खेत-खलिहान और महल मीनारों के मालिक है, तो आपकी योग्य सन्तान, अथवा उत्तराधिकारी का होना अतिआवश्यक है

अब अगर आपके जीवन में इसकी कमी है, तो भी इसे आदर्श जीवन कहना ठीक नहीं होगा

ठीक इसी तरह अगर आपके पास सद्बुद्धि, ज्ञान, रूप और यौवन है परन्तु आपके पास उसकी सराहना वाला, बुद्धिमता की कद्र करने वाला, ज्ञान की प्रसंशा करने वाला अथवा आपसे तालमेल बिठाकर चलने वाला, सुयोग्य जीवनसाथी नहीं है

तो भी यह जीवन आपको पूर्ण सुख देने में असमर्थ होगा, और व्यक्ति ठीक उसी तरह व्यवहार करेगा जैसा मैंने ऊपर चर्चा की है

की जीवन कट रहा है राम भरोसे - चला रहे है जीवन गाड़ी जैसे-तैसे

सब किस्मत का खेला है - भीड़ में तूं अकेला है

इससे सिद्ध होता है की, पूर्णता से प्राप्त खुशी ही आपके निढाल और बेजान शरीर, को उर्जा से भर सकती है

और यही उर्जा आपमें जीने की ललक और कुछ कर दिखाने की उम्मीद जगाती है

आप भी सोच रहे होंगे की, जीवन-मृत्यु तक तो ठीक था परन्तु ये पूर्णता वाला जीवन क्या होता है? और इसे कैसे प्राप्त किया जा सकता है

वास्तव में सम्पूर्ण जीवन अथवा पूर्णता वाला जीवन अपने आप में एक विषय है, जिसपर एक विस्तृत लेख अथवा पुस्तक लिखी जा सकती है

संभव हुआ तो मैं इस टॉपिक को, आगामी चैप्टर यां फिर नेक्स्ट बुक में अवश्य प्रकाशित करूँगा

जीवन पर तो चर्चा कर ली, अब हम बात करेंगे मृत्यु पर

मृत्यु अथवा मरण एक परम और शाश्वत सत्य है, जिसे टाला नहीं जा सकता और ना ही इसे नकारा जा सकता है

सांसे बंद होते ही ये दुनिया स्वीकार लेती है, की अमुख व्यक्ति की मृत्यु हो चुकी है अथवा वह मर चुका है

जिससे ये सिद्ध हो जाता है, की व्यक्ति प्राणहीन है, तथा अब उसका धन, वैभव, सम्पदा, ज्ञान, विज्ञानं, पद प्रतिष्ठा, भूख-प्यास, पूजा-पाठ, हवा-पानी, आकाश-पाताल, सच-झूठ अथवा किसी से कोई लेना-देना नहीं है

उसके लिए सभी और सभी के लिए वह – मात्र एक रिक्त स्थान है, अब वो एक शून्य समान है - जिसे कभी भरा नहीं जा सकता, **एक पंक्ति में कहूँ तो वह व्यक्ति मर चुका है**

उसकी मृत्यु हो चुकी है और इस जन्म में, वह कभी पुन: उठकर खड़ा नहीं होगा, यही बातें सुनिश्चित करती है की उस मृत व्यक्ति को अब – अग्नि के सपुर्द कर दिया जाये तथा उसका दाह संस्कार कर उसे इस लोक से विदा किया जाये

जबतक हमारे शरीर में प्राण वायु का संचार हो रहा है, तब तक आप यह मानकर चलिए की हमारे पास इतना कुछ है जिसकी हम कल्पना भी नहीं कर सकते

बावजूद इसके अधिकांश लोग, यही कहते फिरते है, की हो रहा है टाइम पास, कट रहा है जीवन, चल रही है साँसे, दे रहे है धक्का टाइम को आदि इत्यादि

आप चाहे तो लिख ले यां मेरे शब्दों को याद रखें, **की मरना सच है और जीना झूठ**

क्योंकि जीवन एक छलावा है, जिसमे हम दुनिया से और यह दुनिया हमसे छल करती है, यही वजह है की जीवित होते हुए भी हम, मृत समान व्यवहार करते है

टेंशन, स्ट्रेस, कमियां, खामियां, तृष्णा और हमारी गलतियाँ हमें खुलकर जीने नहीं देती, एक वस्तु को पा लेने के बाद हम सेलिब्रेट नहीं करते, वर्तमान को भूल हम दुबारा भविष्य की और कूच करने लगते है

और यही सिलसिला अनवरत् चलता रहता है, रुकता उस दिन है जब हमारी साँसे थमती है – जब हम मर चुके होते है

मानता हूँ प्रियेजन यही दोहराते है, की जाने वाला मरा नहीं – अभी जीवित है, इसे शमशान लेकर मत जाओ, इसे मत जलाओ

देखो ये अभी उठ खड़ा होगा, इसने वादा किया था, ये जल्द लौटकर आयेगा, इसके बिना कैसे होगा, हम तो अनाथ हो गए

तुम सब झूठ बोल रहे हो, मेरा बेटा, मेरा पति, मेरा भाई मरा नहीं है, वो हमें ऐसे छोड़कर नहीं जा सकता

लेकिन कटु सत्य तो ये है, की वो मर चुका है उसकी मृत्यु हो चुकी है

इसलिए सयाने लोग कहते थे, मेरे पिता जी भी कहते थे, मैंने उन्ही से जाना की..........

मरना सच हैं और जीना झूठ, ॐ शांति शांति शांति ॐ तत्सत्

इसलिए हमेशा वर्तमान में रहते हुए उज्जवल भविष्य की कामना करना ना छोड़ें, जीवन पूर्णता से ही फलीभूत होता है और हमें सुख, मानसिक शांति और खुशियाँ देता है

ध्यान रहे प्रयत्नशील होना आपका धर्म भी है और कर्म भी, परन्तु जीवन की कमियों, खामियों और आर्थिक परेशानियों को खुदपर हावी ना होने देना भी, आप ही की जिम्मेवारी है

इसलिए जीवन में सद्भावनापूर्ण कार्य और सुविचारों का संचार करते रहें, क्योंकि ऐसा करके जहाँ आप दुनिया में सकारात्मकता फैलाते है वहीं आप समाज को एक सन्देश भी देते है

की - मरना सच है और जीना झूठ

और अंत में हम आ पहुंचे है, उस पड़ाव पर - जहाँ इस यात्रा का अंत और एक नयी यात्रा का शुभारम्भ होता है

एक ऐसी यात्रा, जो कुछ पाठकों के लिए नयी तो कुछ के लिए पुरानी होगी

जी हाँ मैं बात कर रहा हूँ, अपनी एक अन्य पुस्तक की जिसे आप लोगों ने भर-भर के प्यार दिया और सराहा, ये वही पुस्तक है जिसके बूते, टीम ऑथर चाय वाला, कुमार भारद्वाज

भारत के तीन टूटते, बिछड़ते और भटकते परिवारों को बसाने में कामयाब रही, ये वही परिवार थे, जो विभिन्न समस्याओं और गलतफहमीयों के चलते संबंधविच्छेद, कोर्ट कचहरी और तलाक तक जा पहुंचे थे

उनकी किस्मत और मेरा पुरषार्थ की उन्हें मेरी पुस्तक – **"भटकती दुनिया बिखरते लोग"** पढ़ने का सुअवसर प्राप्त हुआ

फिर क्या था, उनकी तो निकल पड़ी, वो मिल गए जुड़ गए और जुदा ना हुए इससे अधिक तो मैंने माँगा भी ना था

यूँ लगा की मेरा लेखन सफल हुआ, अवसर मिले तो आप भी उसे **अमेज़न** अथवा **फ्लिप्कार्ट** यां फिर **ऑथर चाय वाला आउटलेट** से खरीद कर अवश्य पढ़ना लाभ होगा।

आप को लाभ, तो समाज में सहयोग होगा

माफ़ी चाहूँगा की, निजता के चलते मैं उन परिवारों और पाठकों की पहचान उजागर करने में असमर्थ हूँ उम्मीद है आप भी निजता का सम्मान अवश्य करते होंगे

जल्द ही आपसे फिर मिलूंगा, अपनी एक अन्य कृति के साथ तब तक के लिए विदा, प्रमाण – जय हिन्द

कुमार भारद्वाज उर्फ़ ऑथर चाय वाला

www.authorchaiwala.com

आप चाहे तो मुझसे फेसबुक, इन्स्टाग्राम, ट्विटर, यू ट्यूब अथवा वेबसाइट के माध्यम से भी जुड़ सकते है

तो फिर सोचना कैसा जल्द ही टाइप कीजिये *ऑथर चाय वाला,* यां फिर *Author Chai Wala by Kumar Bhardwaj* और दीजिये अपनी राय अथवा सन्देश ताकि मैं भी आप से जुड़ सकूँ